A Napoleone architetto honoris causa !

Title: **GIACOMO QUARENGHI - L' ARCHITETTO DEGLI ZAR**
By Luca Stefano Cristini

ISBN code: 978-88-93272520 First edition June 2017
Code.: **MUSEUM-007**, Editorial series code: **HOME&TOWN-001**

Progetto grafico e Coordinamento editoriale: Luca S. Cristini & Anna Cristini
MUSEUM book is a trademark of Soldiershop publishing, via Padre Davide, 7 - 24050 Zanica (BG) ITALY. www.bookmuseum.it

In cover: Vista di Ercole nel portico di Palazzo Farnese a Roma. Aquarello di Giacomo Quarenghi da catalogo d'aste inglese.

GIACOMO QUARENGHI

L'ARCHITETTO DEGLI ZAR

LUCA STEFANO CRISTINI

GIACOMO QUARENGHI IL RAGAZZO DI CAPIATONE

Di Luca Stefano Cristini

« Ed or sul bianco Neva l'augusta / Donna immortal chiamollo, altere moli / Alza ed il nome suo con quelle al cielo »
Ippolito Pindemonte

Valdimagnino per caso! La straordinaria storia di Giacomo Antonio Domenico Quarenghi ha inizio il 20 o il 21 settembre 1744 nella sperduta frazione di Capiatone nei pressi dell'altrettanto remota Rota d'Imagna nel distretto di Bergamo.

Secondogenito del notaio Giacomo Antonio e di Maria Rota, Giacomo viene al mondo in una delle case che l'avita famiglia bergamasca possiede in provincia.

I Quarenghi si trovano a Capiatone in villeggiatura, in realtà però vivono da tempo a Bergamo, in "città alta" nella antica contrada san Cassiano (oggi via Donizetti 12), a pochi metri dalla vivacissima piazza mercato delle scarpe, ed è qui che il piccolo Giacomo corre, gioca e passa una infanzia spensierata coi suoi fratelli Francesco Maria e Leone.

Nei disegni del padre tutti i figli maschi dovranno diventare notai, avvocati o preti. Questo vuole la tradizione di famiglia. Per fortuna nelle vene di famiglia scorre anche dell'altro. Il nonno Francesco, ma anche il padre notaio si dilettano di pittura, il nonno vanta addirittura una certa gloria. Diverse sue opere sono infatti presenti in varie chiese della valle Imagna. Ed il fuoco sacro dell'arte anima e si impossessa da subito del giovane rampollo di famiglia. La buona posizione di famiglia permette a Giacomo di prendere lezioni dal pittore locale Giovanni Raggi e contemporaneamente di "prendere" tempo, mentre due suoi fratelli sono mandati senza indugio, uno a prendere i voti e l'altro a studiare legge!

Intanto Giacomo, certamente il più determinato della famiglia, sempre più convinto ad abbracciare l'arte convince l'ormai rassegnato genitore a concedergli quello che sarà un lungo e fruttuoso periodo di formazione a Roma. Nella città eterna, e in giro per l'Italia, anche grazie alla ricchezza di famiglia, il nostro giovane artista trascorrerà ben 18 anni. Il fervido clima cosmopolita della Roma del secondo Settecento, crocevia di artisti di ogni nazione in cui andavano maturando le nuove istanze estetiche che marcarono l'orizzonte artistico dell'intera Europa fu l'ambiente ideale che permise al giovane Quarenghi, in primis di sprovincializzarsi,

◄ Carta per il giardino inglese a Peterhof, nei dintorni di San Pietroburgo con il palazzo elevato del padiglione imperiale. Giacomo Quarenghi. Catalogo Asta inglese

e quindi di fare quel salto di qualità che in seguito gli permetterà, unito al suo genio innato, di diventare quella stella dell'architettura che oggi tutti conosciamo. Saranno diciotto anni di studi e di viaggi alla scoperta dell'arte italiana e presto, soprattutto dell'architettura che avvolgerà in un abbraccio ideale e definitivo l'estro creativo di Giacomo Quarenghi!

L'avventura Inizia appunto a Roma. Qui inizia a studiare pittura sotto la guida di Anton Raphael Mengs, uno dei massimi astri dell'arte neoclassica. Già allora un monumento vivente.

Però il corso purtroppo dura poco, Mengs si sposta presto a Madrid. E allora anche il nostro "studente" si sposta su altri maestri abbandonando pian piano la pittura per l'architettura. Tuttavia qualcosa ancora non torna. Quarenghi non ama i suoi nuovi insegnanti, i corsi non lo appagano a sufficienza, e lo lasciano pieno di dubbi. Teme di essere finito in un vicolo cieco. Finché un giorno non incappa in un grosso librone illustrato che tratta dell'arte del Palladio!

E' una folgorazione, Quarenghi intuisce immediatamente la valenza di quel grande artista che fu Andrea Palladio. Eletto da allora genio tutelare di Quarenghi!

Negli stessi giorni, a tal proposito scrive

▲ Angolo della casa natale di Giacomo Quarenghi a Capiatone di Rota d'Imagna. Foto dell'autore.

▶ Sezione della sala da trono (Saint George's Hall) al Palazzo d'Inverno di Pietroburgo. (Metropolitan Museum with licence CC0 1.0)

ad un collega: *"la Provvidenza volle che mi capitasse casualmente alle mani un Palladio delle migliori edizioni. Lei non potrà mai credere l'impressione che fece in me un tal libro; ed allora fu che m'avvidi che aveva tutta la ragione di temere di essere stato male indirizzato* (dagli architetti Paolo Posi, Antoine Derizet e Nicola Giansimoni).

Il dar di calcio ai principi già appresi, e l'abbruciare quasi tutti i disegni fatti fu un punto solo; e sempre persuaso che bisognava pigliare altra strada per giungere a qualche cosa di buono, non pensai più da lì in avanti che a studiare i tanti Monumenti di eccellenti fabbriche che si trovano in Roma, sopra delle quali si può apprendere la buona e perfetta maniera"!

Rompe allora tutti gli indugi e produce un bel falò dei suoi vecchi lavori che non lo avevano mai convinto.

Si getta a capofitto nell'analisi delle opere classiche, studia a fondo i monumenti romani. Disegna progetta e comincia a farsi la mano. Quarenghi mostra in questi tempi quella che sarà una sua prerogativa del furi, egli è una fucina ed un vulcano insiem. Egli non ha più freni e iniziano ad arrivare le prime commissioni.

Intanto lui continua a prendere nota. Palladio ma non solo, anche Giulio Romano, Scamozzi, Sanmicheli :

"...Ho pigliato il buono ovunque l'ho saputo rinvenire ".

Nel decennio fra il 1770 e il 1780 vien formandosi cosi la sua fama. Poi un bel giorno, sempre a Roma incrocia Johann Friedrich Reiffenstein critico d'arte, pittore, grande affabulatore, antiquario e collezionista nonché agente internazionale per conto delle varie corti europee, sempre alla ricerca di artisti da "piazzare... "

Questi, già incaricato dalla zarina Caterina II di Russia di trovargli valenti architetti italiani (i più ricercati del tempo) pensa che Quarenghi è quanto di meglio ha da offrire e non si sbaglia!

Grazie agli enormi mezzi di cui la corte zarista dispone al Quarenghi viene offerto un ingaggio irrinunciabile: *"con onorificentissime condizioni".*

IL PALLADIO BERGAMASCO DISEGNA LA GRANDE PIETROBURGO!

Quarenghi raggiunge la Russia nel 1779 insieme ad un altro grande architetto Giacomo Trombara (questi tuttavia finirà per non incontrare mai la simpatia della zarina e se ne tornò presto in Italia) si pone ai servigi da Caterina II come architetto di Corte.

Vi rimarrà con l'eccezione di alcuni viaggi in Italia sino alla morte. Poco meno di quarant'anni di febbrile e instancabile attività (Caterina II ebbe a dire a tal proposito: *"quel bergamasco lavorava come un cavallo"*) che finirà col catapultarlo nel Pantheon dei massimi protagonisti del rinnovamento neoclassico di quella capitale e dell'intera cultura architettonica di quel paese e dell'Europa.

Per non sentirsi troppo solo, Giacomo Quarenghi si stabilisce in Russia con tutta la sua numerosa famiglia. La amata moglie Maria Fortunata Mazzoleni e i loro 14 figli !

Coperto e garantito dalla fiducia della Corte russa l'architetto di Rota Imagna concepirà e realizzerà negli oltre trent'anni trascorsi in Russia una quantità davvero straordinaria di opere. Tutti edifici in perfetto stile classico come chiedeva la moda del tempo (di cui lui era uno dei massimi artefici) e come voleva la sua committente che desiderava una nuova Roma per la sua capitale sulla Neva.

Non solo grandi palazzi, teatri e residenze di corte, ma anche modernissime idee d'architettura d'interni. Ed ancora caffe-haus, ponti e persino piccionaie!

Nel 1796 muore la grande Caterina II cui succede il figlio Paolo I° che sente assai meno l'interesse per l'architettura. Ma per fortuna si tratta di pochi anni, l'arrivo al trono del nipote di Caterina, Alessandro I° riporta tutte le cose a posto per il nostro artista, per la Russia e per l'architettura neoclassica!

Di tanti lavori realizzati e di altrettanti progettati vale almeno la pena di ricordare:
Il Teatro dell'Hermitage e la sede dell'Accademia delle Scienze (1787), la Farmacia di Corte (1788), il palazzo inglese nel parco di Peterhof (1781-89), la Banca Nazionale (1790), Il palazzo per il granduca Alessandro a Tzarskoe Selo (1792), il palazzo per il principe Aleksandr A. Bežborodko (1797), le botteghe presso il Palazzo Anickov (1805), l'Istituto Smol'nyi (1808).
Nei decenni trascorsi in Russia, tuttavia ebbe anche il tempo da dedicare alle altre sue grandi e mai sopite passioni: l'arte pittorica e la musica. Realizzò infatti centinaia di fogli e schizzi con vedute e capricci di paesaggi caratterizzati da uno stile unico e inimitabile. Nondimeno il tempo trascorso a suonare, a raccogliere e collezionare oggetti d'arte e di storia per la sua incessante sete di curiosità e di cultura.

BERGAMO E LA VITA PRIVATA

Nonostante l'enorme distanza, al tempo doveva apparire assai maggiore di oggi (servivano settimane per raggiungere Pietroburgo dall'Italia) Bergamo rimase sempre nel cuore di Quarenghi e purtroppo, anche a causa di complicazioni politiche vi ritornò assai raramente (Erano gli anni in cui napoleone metteva l'Euroap sotto sopra).
Mantenne tuttavia continue relazioni epistolari con familiari e amici, tra questi: Giuseppe Beltramelli, Paolina Secco Suardo (la poetessa Lesbia Cidonia), Sebastiano Muletti e Luigi Marchesi.
L'ultimo soggiorno bergamasco avvenne nel 1810-11, quindi poco prima della grande crisi internazionale del 1812. In quella occasione Fu accolto con tutti gli onori e venne perfino subito incaricato dai francesi di disegnare per Napoleone un arco di trionfo (poi non ultimato per il mutare delle circostanze politiche).
Nella stessa occasione il nostro architetto pensò anche a riaccompagnarsi con una nuova consorte dopo la

▲ Schizzo della Cavallerizza colorato dal Quarenghi dalle *"Fabbriche e disegni"*. Sotto disegno per un sarcofago neoclassico. Nationalmuseum Sweden

perdita della tanto amata moglie Maria avvenuta diversi anni prima nel 1793.

Anche stavolta volle prendersi una moglie delle sue parti. La scelta cadde sulla baronessa Maria Bianca Sottocasa. Assai più giovane del maturo architetto e anche per questo, stavolta non fu un matrimonio fortunato. Leggiadra e leggera la giovane moglie irritò presto il maturo marito.

Durante il viaggio di ritorno a Pietroburgo il Quarenghi si lamentò per via del comportamento assai disinvolto che la moglie ebbe addirittura con il figlio di lui, Giulio, che li accompagnava. Due soli anni dopo, della Sottocasa non si seppe più nulla. Per la verità va però ricordato che questo era ben il quarto matrimonio andato in fumo considerando che già un anno dopo la morte della prima moglie, Quarenghi contrasse un secondo matrimonio con tale Caterina Aegerden nel 1794 di cui non si hanno molte altre traccia a parte la data (8 ottobre). Pare anche si sia sposato una terza volta con una signora luterana di nome Anna Caterina Conradi che gli diede persino una figlia!

Dopo il 1811 Giacomo Quarenghi non tornò mai più in Italia finendo i suoi giorni in Russia nel marzo del 1817 all'età di 72 anni.

Fu sepolto senza troppe pompe ufficiali nel cimitero luterano di Pietroburgo e se ne perse la memoria. Fino al 1967: in occasione dei 150 anni della sua morte, le autorità russe si attivarono e, con una serie di ricerche, rintracciarono la tomba e la salma di Quarenghi: lo traslarono quindi degnamente nel cimitero degli artisti al Monastero di Aleksandr Nevskij dove tuttora riposa!

LE FABBRICHE E I DISEGNI

Corpus principale di questo volume sono le tavole e i disegni d'architettura presenti nei due libri: *Fabbriche e disegni di Giacomo Quarenghi - architetto di S.M. l'imperatore di Russia,* realizzati in diverse edizioni negli anni fra il 1821 e il 1844 e curati dal figlio del grande artista, Giulio Quarenghi.

Le edizioni da me utilizzate principalmente sono quelle conservate dalla biblioteca di Zurigo, messe a disposizione liberamente dal portale svizzero rara.ch.

Le fabbriche e i disegni godono, e meritamente di giusta fama per la bellezza e la modernità delle tavole in esse contenute. La gran parte di esse fanno ovviamente riferimento alle più importanti committenze che il Quarenghi ottenne dalla corte imperiale russa ma non solo. Vi appaiono infatti anche alcuni progetti per edifici previsti in Italia, Austria, Baviera, Svezia ecc.

L' opera come detto è divisa in due parti/volumi. La prima parte contiene i monumenti più importanti e noti, fra questi ricordiamo il Palazzo Imperiale previsto per l'allora erede al trono Alessandro I° a Czarcoselo (termine di primo ottocento usato nel testo per indicare Tsarskoe Selo), il Teatro Imperiale del Hermitage di Pietroburgo, la Cavallerizza Reale di Monaco, la gran sala da pranzo dell'Arciduchessa Beatrice a Vienna, i Palazzi Bisbarotko e Gagarin, la Villa del Conte di Scheremetoff e molti altri fra cui un teatro previsto a Bassano!

La seconda parte completa l'opera con altri edifici non meno importanti, quali la Banca di Pietroburgo, la Scuola del nuoto a Czarcoselo, l'Ospedale di Paulowski , il Palazzo del Principe Jusupoff, la Chiesa riformata degli inglesi a Pietroburgo, il progetto del grandioso monumento da erigersi a Mosca per la sconfitta dei Francesi nel 1812, quello di un vasto Teatro per Pietroburgo, ed altri.

Tutte opere che diedero grande lustro alla capitale dell'Impero Russo!

La gran parte delle tavole da noi ri-pubblicate è stata "colorata" alla maniera (e con la tavolozza) di Quarenghi, vale a dire con sottili pennellate ad acquerello, per ricostruire con maggiore realismo lavori che il nostro aveva a suo tempo realizzato a colori, come attestano le numerose raccolte pubbliche e private presenti in diverse biblioteche e nelle collezioni di tutto il mondo.

Ricordiamo fra le più note: la Galleria dell'Accademia di Venezia, la Biblioteca Angelo Mai di Bergamo, il Museo Nazionale di Varsavia e ovviamente l'Hermitage di san Pietroburgo.

Ho anche scelto di inserire il commento originale di Giulio Quarenghi, scritto a descrizione e corredo di ogni tavola dedicata ai vari monumenti. Testo composto di un linguaggio oggi desueto, ma non per questo privo di una certa eleganza, che potremmo definire "neoclassica".

Al di la di termini ormai scomparsi e di forzate italianizzazioni di nomi e parole russe, il testo è comunque perfettamente comprensibile!

Ogni monumento è accompagnato nelle originali edizioni ottocentesche, oltre che dal testo anche da due/tre fino a sei sette tavole per monumento.

La nostra edizione appare integrale nel testo, per le immagini ne riporta una buona parte, certamente quella più significativa.

▲ Il ministro Alexander Bezborodko dipinto Da J.Lampi (1790) - Hermitage San Pietroburgo.

GIACOMO QUARENGHI
LA CORTE RUSSA E IL GENIO ITALIANO

Di Flavio Unia

Spesso le biografie di personaggi eccellenti iniziano in piccoli luoghi, niente affatto commisurati a quelli che saranno gli eventi e le città che il protagonista andrà a vivere. In questi angoli di mondo si usa tornare dopo che l'epopea del personaggio si è conclusa e vi si arriva con un'ispirazione romantica, con la fantasia eccitata dalle glorie di una vita che è iniziata tra case e strade comuni.

E' questo anche il caso di Giacomo Quarenghi, che nacque a Capiatone, una frazione di Rota d'Imagna il 21 settembre 1744, all'ombra delle montagne della Valle Imagna, e che fu portato in tenera età a Bergamo, presso il Mercato delle Scarpe in città alta, dove trascorse gli anni della giovinezza in una casa posseduta dal padre notaio, Giacomo Antonio Quarenghi.

Già tra le mura del capoluogo il suo piccolo paese natio dovette sembrare lontano, e appare tale sicuramente ai nostri occhi che, grazie ad una veduta d'insieme, può essere paragonato alle grandezze della corte di Caterina II di Russia dove l'architetto approdò dopo un complesso tirocinio romano.

L'atmosfera della contrada rurale si ammanta quindi di un'aura fiabesca, assumendo la dignità di luogo magico dove il seme di una vita ricca di successi trovò il primo benefico terreno grazie al quale germogliare.

Fu quindi da questo piccolo luogo che Quarenghi mosse i primi passi per raggiungere Bergamo, trascorrere gli anni verdi della formazione in vista dell'avvocatura o del sacerdozio voluti dal padre, e virare di lì a poco verso gli studi artistici sotto la guida di Paolo Vincenzo Bonomini, celebre per il suo umorismo pittorico di grande intelligenza e per i suoi *Macabri*, e di Giovanni Raggi, pittore dedito all'insegnamento del Tiepolo e dallo stile solido e maturo.

Ma l'attrazione verso l'architettura , e quindi verso i massimi esempi di quella classica, lo portarono a Roma, dove risiedette dal 1763, e nella quale conobbe un ambiente artistico culturale eterogeneo e confuso in cui sarebbe stato facile apprendere molto ma anche perdersi in una miriade di indicazioni e di correnti non facili da discernere.

Da questo punto però inizia quella che sarà la vera esistenza del Quarenghi che oggi ricordiamo, cioè la vita di un importante esponente dell'architettura neoclassica che ha lasciato nel grande registro del tempo una firma autorevole, impossibile da dimenticare.

DA ROMA, VERSO IL FUTURO

Giacomo Quarenghi risiedette quindi molti anni a Roma, e prima di partire definitivamente per San Pietroburgo, volle tornare nella sua Bergamo per congedarsi dai parenti e dagli amici. Lo attendevano quarant'anni di lavoro intenso e creativo nella grande città russa, al centro della rinnovazione urbanistica voluta dalla zarina Caterina II che lo aveva chiamato a sé non trovando compiacimento nei progetti dei suoi architetti di corte. Il Quarenghi che transitò nella città lombarda era ormai un artista consumato negli studi del mondo classico, abilissimo disegnatore di antichità, di paesaggi e di architetture.
Il suo sapere si era stratificato sotto la guida di diversi nomi attivi nella capitale: Vincenzo Brenna, Paolo Posi, Francois Deriset, i quali gli avevano impartito accurate lezioni di decorazione, teoria delle proporzioni, scienza dell'architettura, ma che alla fine erano apparsi, agli occhi dell'appassionato discepolo, dei maestri pedanti, incapaci di soddisfare il suo gusto reattivo alle più peculiari istanze del Neoclassicismo. Va detto che questo movimento artistico e culturale vantava dimensioni impressionanti e che pertanto dava adito alle più disparate interpretazioni e agli approfondimenti più vari. Che Quarenghi non stimasse le qualità dei suoi insegnanti non suscita sorpresa perché in una città così cosmopolita come era la Roma di metà Settecento transitavano talenti di qualsiasi altezza ed occasioni culturali impensabili in molti altri luoghi; per cui il disprezzo che Giacomo dimostra per loro è forse da intendersi nell'ottica di un giovane intraprendente che è fortemente affascinato dalla ricchezza artistica che lo circonda e della quale riesce ad ottenere soltanto una parte. Ad ogni modo quelle impressioni negative dovettero segnarlo profondamente dal momento che a vent'anni di distanza si sentì ancora di metterle nero su bianco «eccettuato il francese, il quale si dava tutta la

▲ Incisione derivata da un originale conservato alla Biblioteca A.Mai di Bergamo di un angolo di via Salaria a Roma realizzato con una certa solerizia negli anni romani da Giacomo Quarenghi.. Riikmuseum Amsterdam.

pena possibile per insegnarmi le suddette proporzioni armoniche, gli altri non si pigliavano altro pensiero, che quello di farmi copiare e misurare le non migliori fabbriche di Roma, di maniera che il loro studio diveniva per me piuttosto come un luogo dove andare a disegnare, che come una scuola dove apprendere la professione. E fin dal principio che io entrai con questi signori, il poco, e poco e sano ragionare che essi facevano, mi aveva indotto a dubitare, che essi fossero fuori della buona strada dell'architettura, e che a me per giungere a procurarmi un nome fra i sapienti conveniva cambiar cammino» (Tassi, 1793). Parole di un uomo maturo, che sicuramente aveva acquisito una prospettiva temporale di tutto rispetto e che ricordava senz'altro le fatiche romane vissute in una realtà eterogenea sì, ma contaminata anche dalle solite mode stilistiche che si vascolarizzano in ogni tessuto culturale. Va ricordato infatti che l'interesse per l'antichità, poi istituito e teorizzato dalle prestigiose firme del Winckelmann e del Mengs, aveva visto disperdere parte del suo esordio in filoni molto diversi tra loro, alcuni davvero seri, altri meno, e che al rigore dello studioso si era spesso sostituito il piacere per l'approssimazione, per l'estetica rabberciata, senza profondità.

Casi comuni ad ogni situazione artistica che Quarenghi sicuramente non dovette apprezzare ma, come detto, in una città grande ed affollata come Roma, era normale incontrare un po' di tutto. Non sarebbe stato poi un grande danno, visto che l'architetto seppe da subito come meglio formare la propria cultura e la compagnia da frequentare, e che trovò facile legarsi con la comunità inglese, alla quale poi dovrà molto.

Non sarebbe stato un grande danno se però quella Roma così eterogenea, per il fatto stesso di esserlo, non gli avesse negato la libertà di esprimersi. Le occasioni lavorative infatti scarseggiarono sempre, e quelle poche che si presentarono vennero sollecitate dall'Arciconfraternita dei Bergamaschi all'ombra della quale prese un po' di commesse e anche casa. In via delle Colonnelle ci andò a vivere con la moglie, Maria Fortunata Mazzoleni, e continuò la vita di sempre, vale a dire numerose campagne di studio e misurazione presso i ruderi della classicità romana, e pochi impieghi in qualità di architetto. Però i suoi disegni trovarono interesse presso i britannici, come prima si accennava; sia quelli di paesaggio che quelle costruttivi, ed alcune richieste iniziarono ad arrivare dai signori inglesi che necessitavano di grandi case di campagna. Tanto valeva quindi rivolgersi a loro, visto che la Chiesa di Roma non andava a genio al talento rigoroso del Quarenghi, e che la poca stima si rivelava reciproca. Che fosse una committenza più sensibile alle fascinazioni di un'architettura teatrale e mirabilmente ornata, o che Giacomo fosse troppo insistente con il suo Palladio, sta di fatto che il legame non si creò. Bisogna dire che lui divenne noto per questo amore viscerale rivolto al maestro padovano e che non fece nulla per ridimensionarlo firmandosi addirittura "l'ombra di Palladio". Però fu proprio questo grande esempio a contribuire in modo fondamentale alla formazione del suo stile ampio e luminoso, che gli inglesi colsero favorevolmente. Anch'essi, come tutta Europa del resto, amavano l'antichità e si erano immersi nel grande fiume del Neoclassicismo. Quindi tutto filava; eppure mancava ancora qualcosa, e quel qualcosa si concretizzò nella visita a Roma dell'agente russo Johann Friedrich Reiffenstein mandato dal barone Friedrich Melchior Grimm per conto della zarina Caterina di Russia alla quale erano venuti a noia i propri architetti. Si trattava di lasciare ogni cosa e di partire per San Pietroburgo, e Quarenghi non se lo fece dire due volte, tanto che lasciò veramente ogni cosa, compresa l'esecuzione della sala della Musica nel palazzo dei Senatori in Campidoglio che affidò, per il suo completamento, all'amico Giannantonio Selva, anch'egli in verità chiamato alla corte di Caterina, ma di carattere diverso da quello del collega e più legato ai territori del nord Italia, dove infatti si trasferì da lì a poco. Quindi si era presentata la grande occasione ed il viaggio era iniziato. Quarenghi aveva attraversato la penisola per studiare le architetture classiche e quelle del suo amato Palladio; adesso la percorreva nuovamente per passare il confine e attraversare le città di Vienna, Dresda, Lipsia, Postdam, Berlino, Koninsberg, quelle baltiche di Mitau, Riga, Tartu, Narva, fino ad arrivare a San Pietroburgo.

Alle sue spalle una fama romana di sapiente disegnatore di scorci urbani a carattere antiquario, e quella di essere un cultore appassionato della musica, nonché un personaggio, legato all'ambiente britannico, piacevole ed interessante da raccontare «l'individuo dall'aspetto più goffo che sua Signoria possa mai vedere, preso appassionatamente dalla musica e pronto a lasciare ogni cosa per essa; egli lavora solo quando i suoi vestiti sono impegnati, e non ha un soldo per il suo pranzo. I suoi colleghi inglesi aspettano questi momenti per potere ottenere dei disegni creati dalla sua penna.

Egli è talmente pieno di genio e fuoco che non può bere altro che acqua: un piccolo bicchier di vino lo mette in uno stato di eccitazione incredibile» (Hook Manor, Wiltshire, *Arundell of Wardour Mss.*, 1768-1791). Così lo descriveva l'agente inglese John Thorpe al connazionale Henry Bellings VIII lord Arundell, il quale si era molto interessato a Quarenghi durante il periodo antecedente alla sua partenza per la Russia.

La cultura di Giacomo si fece subito sentire, e anche il suo talento: Caterina apprezzò immediatamente i disegni che l'architetto portò con sé e nella primavera del 1780 gli commissionò il palazzo Inglese nel parco Nuovo e l'edificio della Borsa sull'isola Vasil'evskij a San Pietroburgo che però poi venne realizzato seguendo un progetto non suo. Gli anni a seguire furono molto intensi e tra il 1780 e il 1790 Quarenghi realizzò oltre cinquanta opere.

Di fronte ad una committenza così generosa si espresse in una sintesi perfettamente riuscita tra lo stile classico appreso a Roma e quello slavo, medievale e bizantino tipico

▲ Ritratto equestre dello zar Alessandro I°. Fu sotto i regni di Caterina, Paolo I e appunto Alessandro che Giacomo Quarenghi prestò il suo genio e la sua opera, edificando nelle capitali russe e nelle residenze imperiali. Tela di F. Kruge (1837) Museo dell'Hermitage, San Pietroburgo.

▶ Vista della fortezza di Akkerman o Bielgorod in Bessarabia. Schizzo di Giacomo Quarenghi a penna, inchiostro ed acquerello. Catalogo Asta inglese

delle terre in cui si trovava. Adottò anche l'uso delle facciate colorate con elementi architettonici in stucco bianco che vivacizzò con cornucopie, lesene, bassorilievi e grifi. Disegnò con libertà ampi spazi articolati in gallerie, vestiboli, anticamere che crearono ambientazioni spettacolari e allo stesso tempo moderate da un forte senso della misura. Ne è una fulgida prova il palazzo di Alessandro dove i generosi ingressi monumentali vengono spartiti dall'altrettanto grande colonnato centrale. L'edificio è imponente, tuttavia lo spazio che si apre dietro alle colonne e l'ariosità compositiva delle masse conferiscono alla costruzione una trasparenza luminosa che alleggerisce il tutto e lo rende lieve, niente affatto massiccio. I fondamenti del Neoclassicismo parlano chiaro anche nell'architettura imperiale con la quale Quarenghi si dovette misurare e che realizzò ricorrendo all'amore per la misura e alla negazione della linea contorta, dei volumi esageratamente espressivi del passato rococò. Nel caso del teatro dell'Ermitage si fece anche interprete dei concetti sociali innovativi tipici dell'Illuminismo quali l'avversione alla divisione storica in classi di diversa influenza.

Si legge, a testimonianza di questo, quanto egli stesso scrisse commentando la sua opera e dicendo del suo teatro «essere forse il primo, dalla rinascita delle belle arti, che sia stato costruito sul modello di quelli antichi per l'uso di spettacoli moderni. [...] Non vi è alcun posto riservato in questo teatro, ove ogni etichetta è bandita, e ciascuno può sedersi ove preferisce. [...] quando tutti si sono sistemati l'uno fa spettacolo all'altro; fatto che produce un piacevole colpo d'occhio», *Théatre de l'Ermitage...*, 1787). Si parla insomma di un'etica nella forma e della forma; in altri termini di un senso della misura che ha anche una valenza in qualche modo morale. Egli fu architetto di imperatori, per cui dovette accontentare una committenza magnificente per definizione; tuttavia trovò i termini per tradurre l'immanenza del potere in costituzione di un canone positivo. Se si guarda alla facciata dell'Accademia delle Scienze si può apprezzare lo sforzo del Quarenghi in tal senso: la forza del pronao è mitigata dall'accostamento delle finestre nude, senza cornice.

Un altro insegnamento del Palladio, che qui traduce l'eleganza estrema del modello in un sistema ritmico volutamente scarno, poco celebrativo. Come si è visto le committenze in Russia furono tantissime e l'architetto maturò, nel corso degli anni, il suo stile rigoroso, semplice e necessariamente imponente. Si rivelò un artista di grande sensibilità per gli stili e di notevole capacità di sintesi che seppe valorizzare la sua radice italiana e la levità che la caratterizza. Sempre devoto al Palladio, non dimenticò comunque un altro grande maestro quale il Piranesi, artefice fantasioso, sognante, che gli conferì la capacità di non celebrare mai troppo i grandi volumi. Da non minimizzare anche il suo interesse per l'arte contemporanea e alle ricerche di eminenti personaggi quali ad esempio Boullée. Dopo il breve soggiorno a Bergamo del 1780, quello nel quale disse addio alla città e agli scenari della valle Imagna nei quali era nato, vi ritornò soltanto nel 1810, rimanendone tra l'altro scontento per motivi familiari. Prese come seconda moglie Maria Bianca Sottocasa, piangendo sempre la prima tanto amata, e nell'autunno del 1811 tornò in Russia per morirvi nel 1817. In quella patria adottiva così lontana divenne il maggior interprete di Palladio durante il Neoclassicismo e contribuì a consolidare la scuola italiana in Europa all'insegna della cultura rinascimentale, insieme ad altri grandi interpreti quali Giuseppe Trezzini e Francesco Rastrelli.

▲ Curiosa caricatura di Giacomo Quarenghi che indossa l'insegna dell'ordine dei cavalieri di malta cui apparteneva, ritratto dal suo amico l'artista polacco Aleksander Orłowski (1777-1832). Orlowski nei primi anni dell'ottocento fu un valente pioniere dell'arte litografica, mantenne tuttavia sempre una grande passione per gli schizzi e i disegni burleschi come questo, che fa parte di una serie dedicata all'architetto bergamasco. Museo Hermitage San Pietroburgo

CENNI STORICI INTORNO ALLA VITA
DELL' ARCHITETTO CAV. GIACOMO QUARENGHI

Di Giulio Quarenghi

Volendo io dare quel testimonio che posso di doverosa riconoscenza verso mio Padre col mettere in luce queste opere sue, parvemi compiacere alla patria facendo precedere qualche cenno della sua vita. Ma in sul primo passo un timore mi arrestò, e fu il timore che, essendo io figlio, mi intervenisse o di dover per modestia molte lodi sopprimere, o di spargere un dubbio sopra tutte sue lodi; e già disponevami al silenzio mirando al pericolo di pregiudicare alla sua fama per quell'amore medesimo per cui ardo di pubblicarla. Se non che e il vedermi occorrere l'esempio di moltissimi altri, che pur vivono nella commendazione, e che in ciò stesso mi hanno preceduto, e il potermi promettere che a tutte le lodi che io dirò di lui, faranno eco e amplissime lettere che esistono indubitate a onorare la sua memoria, e uomini tra i più grandi, che degnandosi di chiamarlo nella loro amicizia, fecero al mondo la più incontrastabile testimonianza de' suoi talenti, e grandiosissime opere che, fatte da lui e ammirate da tutti, parlano sicure del suo valore, mi hanno riconfortato, e mi dan tutto l'animo a favellare.

Dal tempo del suo nascimento, che fu il giorno vigesimo di settembre nel mille settecento quaranta quattro, portandomi di volo ai tempi della sua educazione, mi riesce piacevole il poter dire che vantando egli per patria una città, che, come può dirsi di Bergamo, già era distinta per nobilissimi ingegni, pose ogni studio a meritarla.

L'amena letteratura e la filosofia gli furono per lungo tempo e occupazione e diletto, e gli si trovò nello ingegno quella felice disposizione che si presta egualmente e a gustare il bello e a raggiungere il vero; e se parlasi specialmente della prima, tali vi fece progressi, che se non possono paragonarsi con quelli a cui nelle Arti Liberali pervenne, non però si terrebbero indegni di essere insieme commemorati. Imperciocché dilettandogli sommamente la poesia, e provandosi anch'egli di esporre in versi ciò che una ricca immaginazione prontamente gli esibiva, meritò che l'abate Guarinoni, dottissimo uomo e gran maestro in retorica, gli desse animo a proseguire, promettendogli una tal gloria che sarebbe di pochi il conseguirla: tanto è vero che l'arte dolcissima del poeta e quelle arti che con tanta ragione portano il nome di Belle, hanno tra loro tale affinità e tale simpatia, che sembra non voler una piacere se non a cui piacciono anche le altre, e sdegnare ciascuna, che un ingegno sia disposto per se, se non è tutt'insieme anche pelle altre disposto; e fu perciò che quegli uomini valorosi che le han coltivate, e che erano degni di coltivarle, le amarono tutte, e come che ne sciegliessero una, alla quale intendere principalmente, non lasciarono però di mostrare, e dando opera a molte e ammirandole tutte, quanto ne andassero innamorati. E per non tacere di alcuni, dirò che un Dante giovò non poco a se stesso in poesia, piacendosi di studiare nelle animate pitture di Giotto, come Giotto giovò non poco a sé stesso nella pittura, piacendosi anch' egli di studiare nei robustissimi versi di Dante; dirò che un Michelagnolo Bonarroti, non contento di crear meraviglia coi miracoli di architettura, ne di vedere animarsi nelle sue mani e i marmi e le tele, involavasi non poche volte da quelle arti per conversare pur anco con le vivaci sue Muse; dirò che un Leonardo da Vinci, che facevasi ammirare come un prodigio per la moltiplichi de' suoi talenti, mostrandosi eccellente e nella pittura e nella architettura e nella scultura e nel canto e nel suono, non meno ammiravasi fra i poeti, componendo egli amenissimi versi e cantandone anche all'improvviso. Che se un ingegno che sentesi fatto per le belle arti, fatto ancora si sente per l'arte amabilissima delle Muse, non è a stupire che anche il Quarenghi l'avesse in grado, e con quell' animo la coltivasse, che e indizio certissimo di una felice disposizione per riuscire a buon fine.

Ma se il trasporto che egli aveva per questa era grande, grandissimo era il trasporto che aveva per quelle; e siccome la pittura gli era, per così dire, domestica, esercitandola il padre e l'avo, fu essa la prima che gli si offerse come in sua professione. Fermato adunque di farsi pittore, cominciò a trattare il disegno, frequentando la scuola di un Bonomini e di un Raggi, che fra tutti i pittori di Bergamo allora viventi erano i primi. Ma indi a poco gli si destò il desiderio di portarsi a quella città, che distintissima un tempo nelle arti di guerra, non è ora nulla meno distinta nelle bell'arti; imperciocché tenendo dietro esse pure alla fortuna dell'armi, ivi si sono raccolte, e dimorandovi tuttavia come in propria lor sede, tanta è la pompa che vi fanno di se, e tanto vi spiegano chiaramente ciò che possono e ciò che sono, che oggi mai si tiene per fermo non vi

essere uomo, per quanto abbia d'ingegno, che imparia conoscerle perfettamente, se ivi non si raccoglie ad osservarle, come ancora mai non avviene che venendovi alcuno e osservandole quivi attentamente, non rimangane a un tempo e attonito e innamorato. Chi parla così, parla di Roma, e ben a ragione vi si condusse anche il Quarenghi, il quale attestò che all'aprirsegli innanzi quel portentoso teatro, e al vedersi davanti quei veri miracoli di belle arti, gli parve di nascere a un'altra vita, e tanto il suo spirito sentì sollevarsi e tanto promettergli le sue facoltà, che parendosi fatto capace di giungere anch'egli a si alta meta, si fece una legge di tentare ogni sforzo nel correre quella carriera. A questa felicità di potersi proporre si eccellenti esemplari gli si aggiunse il bene di aver per maestro un tal uomo che fra tutti i pittori di quella età si reputava grandissimo, e fu il celebre Mengs. Ma il Quarenghi non era cosi fortunato d'averlo a godere per lungo tempo, perché portandosi il Mengs alla Corte di Spagna, dovette il Quarenghi eleggersi un altro maestro, e passò alcuni anni sotto Stefano Pozzi, che era anch' egli di origine bergamasco. E qui appunto aspettavalo la sua fortuna per fargli conoscere quell'arte a cui la natura lo destinava; imperciocché usando egli coi giovani che nella scuola del Pozzi

▲ Anton Raphael Mengs (1728 – 1779) pittore, storico dell'arte e critico d'arte tedesco, attivo anche a Roma. L'artista fu acclamato da tutta Europa come il maggiore esponente del Neoclassicismo. Museo Hermitage

studiavano in pittura insieme con lui, trovò di esser venuto nella amicizia di alcuni che già erano incamminati per l'architettura, e avendola frequentemente in discorso, e attintone ancora qualche principio da essi, poco a poco s'accorse che fatto era per quella. Venuto quindi a quella stagione in cui l'uomo di genio meglio consigliasi colla natura onde con più sicurezza quella professione trasciegliere in cui egli può segnalarsi, Jacopo più non dubitò, e tuttoché gli tornasse vivamente sentito e il bello e il grande onde vanno insignite anche le altre belle arti, pure le altre tanto non seppero parergli belle, che più ancora non gli piacesse l'architettura, e con tutto quell'impeto di amore si die ad abbracciarla, che un' arte sì bella e tanto benemerita ben meritava.

Nata ella da provvidi ingegni, coltivata da uomini grandi, e avuta in sommo pregio da tutti, essa è pur quella che provvede al bene di nostra vita assai più che non fanno le altre belle arti; imperciocché dove le altre quasi ad altro non mirano che a dilettare, ella é intenta a dilettare insieme e a giovare, e tal si fa cura di giovare, che mai tanto non mira al diletto, che più ancora non miri al giovamento; tale la videro gli Egiziani, tal la conobbe la Grecia, e tal si mostrò in tutte ancora le altre nazioni, ma specialmente in Italia, dove riconoscendo essa la sua culla, vi si volle mostrare anche più amabile e più dilettosa: e se il mal Gusto del secolo di Tiberio la travisò cangiando in vani e ridicoli ornamenti la sua maestosa e nobile semplicità, dopo il guasto e le stragi che menarono in Italia i Longobardi e i Goti, risorse più bella e più animosa, e si die tostamente a dissipare le disgustose memorie di quei miserabili giorni, innalzando i più cari spettatoli di diletto e di maraviglia ove erano i più tristi monumenti dei furori e delle desolazioni.

A questa sì umana e ammirevole arte dedicatosi adunque il Quarenghi, abbandonò la pittura, e ad altre scuole volgendosi, pose ogni studio per divenire architetto. Ma non ebbe a grande ventura di trovare in tal facoltà i tre maestri che un dopo l'altro gli venne fatto di avere. Paolo Posi, sanese, fu il primo, del quale parlando, egli diceva bensì che uomo era di merito, e che trovava nelle sue cose una certa leggerezza e originalità che le rendeva aggradevoli, ma che andava lontano dalla semplice e buona architettura.

Di merito anche minore parve il secondo; era questi Derizet, architetto francese, il quale non sapea rifinire di andargli insinuando che le proporzioni della musica influivano di troppo nella architettura; il che fu cagione che venendo il Quarenghi a stringere amicizia col celebre Jomelli, si applicasse alla musica sotto la sua direzione; e vi applicò per tal modo, che indi a non molto già cominciava a comporre, ma non ne colse altro frutto se non di vedere che le proporzioni di musica sono ben lungi da ciò che riguarda l'architettura. Infelice nei due primi, lo fu ancora nel terzo, che era Niccolò Giansimoni; e tuttoché assistito avesse alla sua scuola per tutto il corso di quasi tre anni, pure trovò che non poteva lodarsi di aver fatto molti progressi. Imperciocché parlando ancora degli altri protesta egli stesso che non si davano altro pensiero che di fargli copiare le cose loro; e aggiunge di più, che mancando essi di gusto in fatto di architettura, ne ragionavano sì malamente, che più presto gli erano d'inciampo che di aiuto: così la fortuna si piglia diletto d'ingombrare alcuna volta il cammino ai begli ingegni, forse perché, superando maggiori difficoltà, giungano alla meta con maggior gloria. E qui, se io non temessi che ciò che altri direbbe con verità, sembri ch'io il dica con artificio per ampliare la gloria di mio padre, vorrei mostrare quanto si insinui e quanto possa in un giovane il brio affettato dì una galante architettura foggiarla a capriccio e di bizzarri arabeschi infiascata, e quanta sagacità di ingegno e quanta finezza di gusto bisogni a loro per non accogliere e per non sentire quelle impressioni che, quanto più grate riescono, tanto riescono più dannose. Ma io dirò solamente che mio padre non solo non le accolse, ma le rigettò con disprezzo; e sebbene i maestri di lui con tutta la loro autorità gli proponessero sempre di così fatti esemplari, pure non fecero mai che ei non fuggisse la falsa per darsi alla buona strada.

Cessò alfin la fortuna dall' essergli avversa, e presentandogli un libro del famoso Palladio, gli fece gran dono e gli diede abbondevole compensamento: lo prese, lo abbracciò, e con tutto il trasporto fissò in lui tutto il suo studio; e come lo ebbe attentamente osservato, non si può dire se più godesse di lui per avere ivi ritrovato quella architettura che sì ansiosamente cercava, o più godesse di se per aver conosciuto da esso, che essendo egli stato contrario ai mali insegnamenti de' suoi maestri, non si era ingannato. Che fece egli dunque ? Dicasi pure colle sue stesse parole, giacché esprimono tanto, e come gli venne in grado il Palladio, e come gli tornò in dispetto l'essere stato a una scuola troppo diversa: *il dare*, die' egli, *di calcio ai principi già appresi, e l'abbruciare quasi tutti i disegni da me fatti, fu un punto solo.* Quindi, e studiare instancabilmente in Palladio per apprendere da lui tutta l'arte, e cercar tutta Roma per consigliarsi praticamente con quei divini esemplari, e scorrere tutta l'Italia per vantaggiare anche da altri edifici, e riprendere il viaggio due altre volte per tornarli nella memoria, e copiare e ricopiare sino a farsi una copia di quasi tutte le fabbriche più eccellenti: tanto fece il Quarenghi, e così adoperando, cominciò a dare una sincerissima prova, e che aveva tutto il trasporto per questa sì nobile arte, e che gli era palese quanto studio bisogna per possederla. Nè già era egli come coloro che quando han potuto infiorare un palagio di rabescate inezie, si danno già il vanto di essere architetti, e credendosi già di tenere il sommo in questa lor professione, deridono ogni altro che non è come essi; ma se aprissero gli occhi a conoscere i veri modelli, arrossirebbero certamente nel ravvisare che quanto son essi diversi da quelli, tanto son lungi dall'essere veri architetti, e che gli è mestieri molto studiarli per ben conoscerli, e ben conoscerli per imitarli, e finalmente verrebbero eziandio a scoprire che l'arte della architettura è un'arte difficile, e più difficile assai che altri non crede, e che l'essere adatto a questa elevatissima professione è un singolar privilegio a pochi accordato; essendo che ella domanda tante prerogative, che è ben raro quell'uomo che unite insieme tutte in sè le ritrovi: perciocché domanda una grande attitudine di genio per fecondare la mente di nuove idee, domanda una saggia avvedutezza di gusto per ben colpire nella invenzione, domanda una acuta intelligenza della natura per ben usare di tutte le sue inclinazioni, domanda ...; e che non domanda l'architettura ? Egli par veramente che ella non voglia essere coltivata che da uomini grandi, e che a ben coltivarla sia necessario esser tra quelli che più distinti sen vanno per molteplicità di talenti. Potrò io dire che mio padre era tra questi ? E se lo dirò, penserà alcuno che io i dica perché è mio padre? Sia pur d'altri il giudicarne; io mi contento di poter dire che i primi disegni che egli ha fatto in età di soli ventiquattro anni un numeroso concorso gli attrassero di commissioni, e questo concorso andò sempre aumentandosi quasi in prova della comune soddisfazione. Dirò solo, per tacere di tutt' altri, che Cristoforo Suxten, scultore islandese, ricorse a lui per aver due grandiosi disegni che furono eseguiti in Inghilterra, e che l' Inghilterra non cessò dal servirsi di lui.

Ora io ben volentieri mi stènderei a tessere il lungo racconto delle altre moltissime commissioni che affidate gli vennero mentre era in Roma, ma il mio discorso anela ardentissimo di giungere al tempo in cui ebbe cominciamento la più alta fortuna di mio padre. L' impareggiabile imperatrice di tutte le Russie, la gran Catterina II, il cui nome basta a raccogliere nella mente le idee più gioconde di un regno fiorente e di una nazione felicissima: la gran Catterina che sorgendo a quella stagione in cui le contrade del Nord si trovavano ancora non poco offuscate dalle tenebre della ignoranza, fu appunto come un astro che si affaccia alla oscurità della notte, questa sì grande imperatrice, in cui altro non si ebbe a desiderare se non che fosse immortale anche nella vita, come lo è nella fama, e se ora si cessa dal piangerla, egli è solo perché ha lasciato una copia di sé medesima nel grande Alessandro che, a rinnovar nelle Russie il secolo felice di Augusto, non pensò che a copiare in sè stesso le di lei alte virtù; questa sì grande imperatrice, intesa a far sì che il caro suo popolo più non avesse a invidiare nè un Cosimo a Firenze, nè un Leon X a Roma, nè un Luigi XIV alla Francia; dopo di aver fatti gustare i piaceri dolcissimi di una sapienza filosofica e letteraria, pensò di promovere anche le arti liberali. A questo fine non segnando alcun limite alla sua veramente imperiale munificenza, chiamava a sé i più valenti coltivatori di queste amabilissime arti, quando dal trono su cui la fortuna delle Russie l'avea collocata, degnò abbassare lo sguardo anche sopra mio padre.

Se allora egli cominciò a pensare altamente di sè e si persuase di essere vero architetto, io non potrei condannarlo: certamente la gioia, e in un lo stupore, non potevano in lui esser maggiori. Avrebbe voluto subitamente partire, e per rispondere al beneficio, se non poteva con altro, almeno col merito di una prontissima obbedienza, e più ancora per soddisfare al desiderio che aveva ardentissimo di presentarsi a quella sì alta imperatrice; ma la carità del loco natio, quella dolce tiranna degli animi nostri, non glielo permise. Non potendo egli dunque resistere al cuore che gli comandava di rivedere la patria e di abbracciarsi ancora una volta coi teneri amici, venne a Bergamo; e pagato il giusto tributo a questo si amabile sentimento, piegò il cammino verso le Russie. Era egli stretto in matrimonio con Maria Mazzoleni, e come da Bergamo l'avea menata con seco anche a Roma, cosi andando con lei giunse insieme anche a Pietroburgo.

Quivi aspettavalo, meritamente o no, a me non tocca il dirlo, ma certamente aspettavalo il destino dei grandi, cioè la stima del popolo, l'amore dei dotti e il favor dei monarchi; e poiché il tacere mi accuserebbe di ingrato verso a quella sovrana che degnò mio padre di tanta sua grazia, dirò che ella accoglievalo sempre con una benignità che ei non avrebbe mai osato nemmen di sperare, nè sdegnava di ammetterlo alle delizie delle sue villeggiature più favorite, e appoggiandogli ella tutte le sue commissioni d'architettura, veniva a formargli un elogio, di cui la posterità non potrà mai dubitare. Che se parlasi in generale delle opere sue, non può aversi nè una prova più certa della stima in cui era, nè un più sicuro testimonio della facilità con cui operava. Imperciocché tanto eran frequenti le importantissime commissioni che gli venivano date, che avrebbesi detto non vi essere alcuno in quelle parli che volesse opera di architettura, e non la volesse da lui, ed egli si è sempre trovato disposto di soddisfare ad ognuno; e come, allorché era in Italia, avea potuto in brevissimo tempo rendersi noto con le opere sue e in Roma e in Londra e nella contea di Nortumberland e alla Corte di Svezia, cosi a Pietroburgo si diede a conoscere di una vena prontissima nel disegnare.

Troppo lungo sarei a tenere discorso di tutti i disegni di Palagi, di Chiese, di Ponti, di Torri, di Teatri, di Sale ec, che per mio padre ora esistono nella Russia.

Ma lasciando da un lato il molto che potrei dire, dirò solamente di quelle cose che anche la sua difficilissima approvazione hanno potuto ottenere: tali sono il Teatro dell'Eremitaggio, fatto per S. M. Imperiale sulla forma degli antichi: il grandioso Palazzo del principe Bisbarotko; la Scala del palazzo imperiale di Mosca; il Padiglione nel giardino inglese di Peteroff; la Sala di musica a Czarscoselo; la Cappella dell'ordine di Malta; il *Bagnoir* a imitazione delle antiche Naumachie a Czarcoselo; la Banca pubblica e la Borsa dei Mercanti; la Cavallerizza delle guardie imperiali a cavallo; il progetto della chiesa del Salvatore a Mosca. Queste sono l'opere che tra le cose di mio padre io nomino assai volentieri, perché, se amore non mi lusinga, io porto ferma speranza che volendole alcuno diligentemente considerare, forse dirà che ingiuste non furono le ampie lodi che la Russia gli tributava, e porrà forse anche mio padre fra quei nobilissimi spiriti italiani che essendo andati per onorevole invito in terre straniere, ed innalzandovi bei monumenti di architettura, vendicarono l'Italia di aver fatto ancor essa qualche volta ricorso alla Grecia per essere ornata da questa bell'arte. Certo si è che egli fu sempre felice, perché sempre ha veduto le sue fatiche largamente rimeritate col dolcissimo premio degli encomii, nè durò stento a venire nella amicizia di quegli uomini grandi, i quali non dandola mai se non a quelli che concorrono insieme a illustrare il secolo in cui sono, fanno lodatissimi coloro a cui non la niegano; e io ho udito non pochi architetti lodarsi delle lodi che aveano ottenuto da lui, come se allora avessero avuto una prova certissima di essere anch'essi veri architetti: ma chi mai non doveasi riputare onorato dal suo favorevole giudizio, se il giudizio favorevole di quella sì alla Sovrana mai non cessava dall'onorarlo? Chi non avrebbe goduto della sua amicizia, se egli godea della grazia di quella sì alta Sovrana? Se questa bella felicità era per lui un grandissimo premio alle sue fatiche, non era meno uno sprone agli studi suoi; quanto più largamente gli crescevano intorno gli onori, tanto più egli si credeva in dovere di meritarli, e avrebbesi detto che ogni plauso, anziché lusingarlo di esser già grande, non fosse per lui che un eccitamento a divenirlo. Cosi egli sentendosi stimolato di giungere alla perfezione da quelle lodi medesime che erano un premio, come di esservi giunto, sempre più profondeva nello studio, ponendo mente a giovarsi di qualunque argomento che la Natura o l'Arte avesse potuto esibirgli. La Natura era il principale suo studio imperciocché ben sapeva che l'Arte tanto è bella quanto sa prendere il bello dalla Natura, e che mai non può l'Arte apprendere così bene ad emular la Natura come quando lo apprende dalla Natura medesima. Quindi l'Antico, come quello che alla Natura più si avvicina, proponevalo egli a sè stesso per prima base d'ogni sua osservazione; e quegli stessi edifici che portano in fronte il suggello di quella rozza necessità che gli ha innalzati, e non per altro sembrano esistere che per far compatire all'Antichità, pareva a lui molte volte che gli domandassero anch'essi attenzione e rispetto, e mostrando a lui come aveano potuto per tanti secoli e tanti lottare col tempo senza essere mai superati, mentre gli altri più vaghi edifici erano già mille volte e risorti e ricaduti, pareva che gli dicessero: eccoti qui ciò che per primo devi osservare. Ma dove le fabbriche di stile antico si davano a vedere eccellenti in questo genere di architettura, come il portico della Rotonda e il tempio di Serapide a Pozzoli, ivi apprendeva la vera idea del semplice e del grandioso; e perché questo semplice e questo grandioso che affacevasi cosi bene agli austeri costumi della grave antichità, grato e accettevole riuscisse anche al brio e alla delicatezza dei nostri costumi, ebbe quindi ricorso anche a quella architettura che sa essere bella senza lasciar d'esser grande: né hanno mancato di offrirgliene i più perfetti modelli Firenze, Vicenza, Verona, Mantova, Venezia e Roma singolarmente, dove un Palladio, un Sammicheli, un Giulio Romano e i Sangalli, i Michelagnoli ed i Bramanti hanno lasciato di sé le più venerande memorie. Da questi divini esemplari sentiva egli l'anima sì dolcemente modificarsi, che ne rimaneva beato, e quale sì apre il fiore alla dolce rugiada di un bel mattino, tale il suo spirito si apriva a loro, e tal si apriva, che ne bevea tutta l' indole e tutto il genio; ma nell'imitarli non gli imitava già egli per modo che poi si accorgesse di averli copiati; e chiunque il conosce dalle opere sue, potrà dire bensì che egli creasse con io stesso lor genio,. ma non mai potrà dire che ei disegnasse con le opere loro. Ma per dar compimento a un bel lavoro di architettura, egli è di mestieri por mente eziandio alla interna distribuzione, ed è perciò che il Quarenghi si propose a maestri anche i Francesi, come quelli che in questa parie di architettura parevano a lui primeggiare. Per tal modo il Quarenghi, mi sia lecito il dirlo, giunse a tale che nelle opere sue ha potuto congiungere felicemente l'utile al bello, alla maestà l'eleganza, e la delicatezza alla solidità; nè posso non lusingarmi che anche agli edifici da mio padre innalzati, qualcuna di quelle lodi abbiasi a tributare, che si tributano a quegli edifici, dove l'ordine e l'ornamento temperando la mole, rompendo l'uniformità, e alleggerendo la gravezza, risvegliano il gusto senza alterarlo, aggrandiscono l'immaginazione senza stordirla, e accontentano gli animi senza che gli occhi si stanchino di mirare. Certamente il Quarenghi potè consolarsi di veder soddisfatta delle sue fatiche quella Imperatrice, il cui giudizio formò e formerà sempre al mondo una sicurissima regola nel giudicare; e io stupisco che godendosi egli l'ambito favore di una sì alta Sovrana, non si destasse l'invidia a turbare i suoi giorni, che furono sempre sereni; e certamente si sarebbe destata se non avesse dovuto quel favore medesimo rispettare, che dovea suscitarla. Che se non pertanto ebbe anch' egli un qualche nemico, non è a stupire: avea fatto dei benefici; e vi ha di coloro che non meritando alcun beneficio, vogliono essi stessi punire chi gli ha gentilmente beneficiati; ma egli non rispondendo alla ingratitudine che colla perseveranza nel beneficare, fece chiaro abbastanza, che se era lodevole per le doti d' ingegno, non meno Io era per quelle del cuore. E vivendo così fino al termine della sua vita, che fu di febbraio l'anno 1817, si mostrò sempre intento a meritarsi con le opere sue quell'onore che i grandi gli fecero sempre colle loro grazie.

E qui, sebbene io mi vegga a quel termine già pervenuto, che per timor di attediare mi aveva prescritto, pure non so dispensarmi dal riferire quelle attestazioni di stima, che, essendo egli tornato per l'ultima volta in Italia, largamente gli vennero concedute; e gli furono al certo lusinghevoli oltremodo quelle che ebbe in Vienna dalla arciduchessa Beatrice d'Este, in cui non tardò a riconoscere un degno rampollo di quel ceppo chiarissimo a cui l'Italia è debitrice di tanti e si benemeriti Mecenati. Né meno si tenne glorioso per le cortesi accoglienze e per le onorevoli commissioni che ei ricevette dalla munificentissima corte di Baviera, dove le Belle Arti volonterose rifuggono come a que' dotti e splendidi Mecenati che apprezzare le sanno e degnamente premiare. E tu, o Bergamo, che non facesti? Con che prove di amore, con che segni di ammirazione non li piacque di accogliere il tuo Quarenghi? Che gloria fu ella per lui il veder questi nostri concittadini accoglierlo sì caramente, e ognuno godere di accompagnarlo, di averlo ospite in casa, e di ricevere da lui o qualche testimonio dei suoi talenti, o qualche pegno della sua amicizia! E oh quanto ne fa sicurissima fede quella viva pittura che, fatta per ordine della città, pende ancora nel pubblico palazzo a ricordare non meno le sue forme che la stima e l'amore dei suoi concittadini! Al che quanto fosse sensibile il Quarenghi non sto dire; e forse non avrebbe potuto più dipartirsi da una patria sì affettuosa, se non avesse pensato che la Corte a cui se n'andava, non lo amava già meno. E parlando di quella, mi è all'animo il poter dire che se nella morte dì Catterina dovette pianger la perdita di una costante e beneficentissima proteggitrice, l'augustissimo di lei figlio, l'imperator Paolo Primo, gliene rattemprò il dolore, facendogli anch' egli godere tutta la sua protezione. Che dirò poi del grande Alessandro, i cui favori verso mio padre andarono sempre crescendo, e furono tanti, che se io mi facessi a volerli rimeritare, far noi potrei ne anche sol col narrarli? Io certamente non posso mai profferire quel nome, senza che in sen mi si desti ogni più tenero sentimento di riconoscenza; e volando sovente il mio pensiero in quelle regioni che mi furono un tempo sì grato soggiorno, non so saziarmi di vagheggiare quei tanti e sì gran monumenti che, avendoli per ordine di Alessandro innalzati mio padre, gli assicurano una gloria immortale. Che se Alessandro avesse avuto bisogno di eccitamenti a onorare il Quarenghi, gli avrebbe trovati negli esempi della augustissima sua madre. Questa adorabile imperatrice, che, dotata di un cuor tenerissimo, fa tanto onore alla umanità, non trovando piacere che le torni sì dolce, come quello che prova nel consolar gli infelici, ha fatto erigere in Pietroburgo e in diversi altri luoghi del suo impero non pochi istituti di pubblica beneficenza, né mai ha voluto per opera d'alcun altro innalzarli, che per opera di mio padre, e gliene diede un premio che basterebbe anche solo ad eternare il di lui nome: non parlo io già della di lei munificenza che mai non conobbe confine; parlo di quel grandissimo onore con cui Ella potè rallegrargli anche gli estremi momenti della sua vita, e fece sì che se un Bramante si reputò onoratissimo, essendo accompagnato al sepolcro per comando supremo da tutta la Corte del papa e da tutti gli artisti che erano in Roma, nulla gli avesse a invidiare il Quarenghi, potendo egli vantare che una si grande imperatrice era tanto sollecita del suo stato, che volendone nuova ogni giorno, ogni giorno mandava a cercarne.

▲ Giacomo Quarenghi. Palazzo di Alessandro a Tsarskoe Selo. Foto di Alex 'Florstein' Fedorov

JACOBUS QUARENGHI

BERGOMAS.   ÆQUES

Hyerosoli — mitanus.

GIACOMO QUARENGHI

DA "FABBRICHE E DISEGNI DI GIACOMO QUARENGHI" DI GIULIO QUARENGHI

LE TAVOLE

I - PALAZZO FABBRICATO PER S.A.I. IL GRAN DUCA ALESSANDRO I IN CZARCOSELO

Tav. I. II.

L'elegante edificio che signoreggia il nuovo ridente giardino aggiunto alla veramente meravigliosa imperial villa di Gzarcoselo, fu d'ordine di Caterina II immaginato ed eseguito da mio padre per l'estiva residenza dell'in allora giovinetto gran Duca Alessandro, ora felicemente regnante. Siccome richiedevano la condizione e l'età dell'augusto personaggio, cui era destinato, l'architetto diede al nuovo palazzo quanto l'arte ha di magnifico ad un tempo e di gentile, avendo pur cura di accoppiarvi l'utile coll'aggradevole.

Quel soave andamento di linee, quelle armoniose proporzioni, quella sobrietà d'ornati, ond'è arricchito così nobile edificio, osservansi ancora nelle interne parti, proporzionatamente ai diversi loro usi, senza che la ricerca della magnificenza e dell'eleganza rechi pregiudizio ai comodi della casa. Diasi una semplice occhiata alla pianta, e si vedrà quanto savia e ben ordinata sia l'interna distribuzione. Dall'appartamento destinato alla giornaliera abitazione del principe si passa in vaste elegantissime sale appropriate a signorili feste e trattenimenti ed in aperte terrazze, di dove tutto si contempla l'immenso delizioso ricinto della imperiale residenza di Gzarcoselo, che per le cure e lo squisito gusto dell'augustissimo Alessandro presentemente acquistò maggiore estensione e bellezza. Le cucine ed altri luoghi destinati ai servigi domestici trovatisi riuniti in separato vicino edificio, con ottimo consiglio coperto d'altissimi alberi, siccome cosa non conveniente alla magnificenza ed eleganza del palazzo. La non molta importanza di quell'edificio mi dispensò dal darne una separata tavola.

SPIEGAZIONE DELLA PIANTA DEL PALAZZO

1. Corte.
2. Vestibolo.
3. Sala.
4. Sala da società.
5. Terrazzi.
6. Sala per mangiare.
7. Gabinetto.
8. Sala da ballo.
9. Maggiore vestibolo.
10. Camera d'udienza.
11. Camera da letto.
12. Gabinetto.
13. Gabinetto per la lettura.
14. Toeletta.
15. Anticamera.
16. Biblioteca.
17. Camere per le persone addette al servizio del principe.
18. Vestibolo,
19. Corridoi.
20. Scala che conduce ai mezzanini..

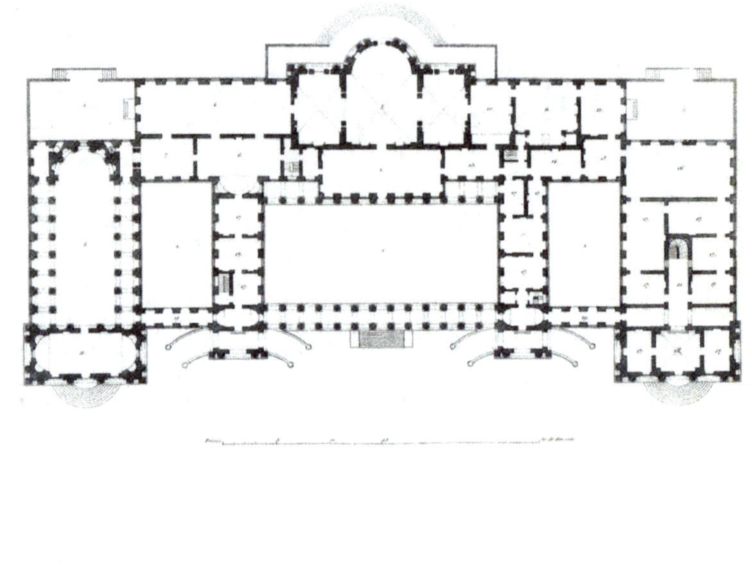

Maison bâtie à Szarcosélo pour Son a'Altesse Impériale le Grand Duc Alexander.

Chez de Quarenghi.

10
20
30
40 Pieds Anglaises
Quarenghi Architect to Sir Charles Whitworth K.B.

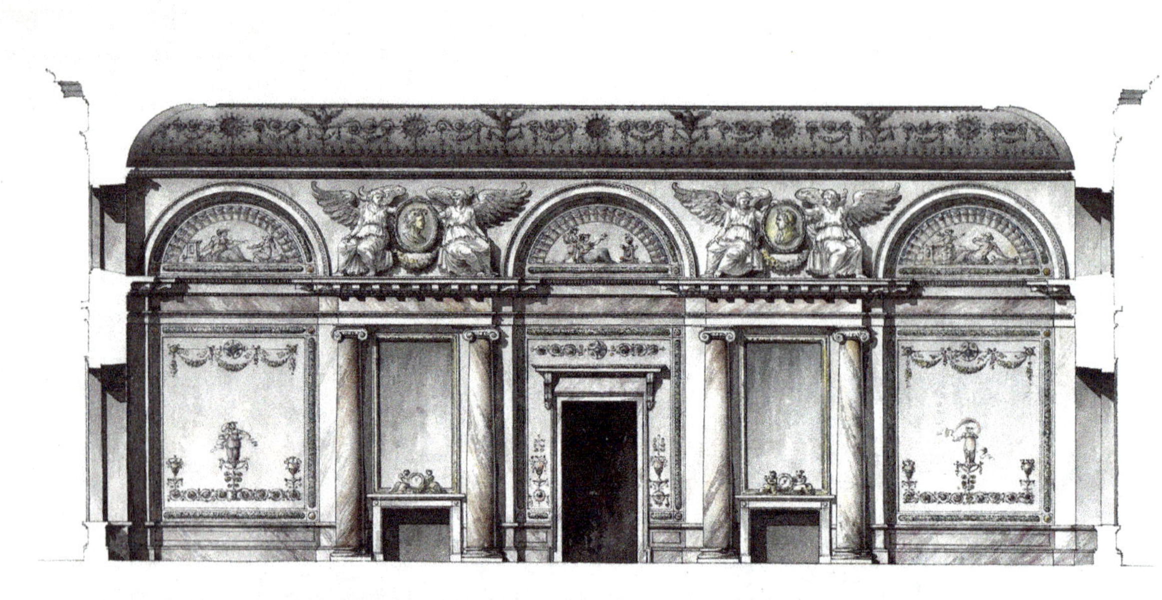

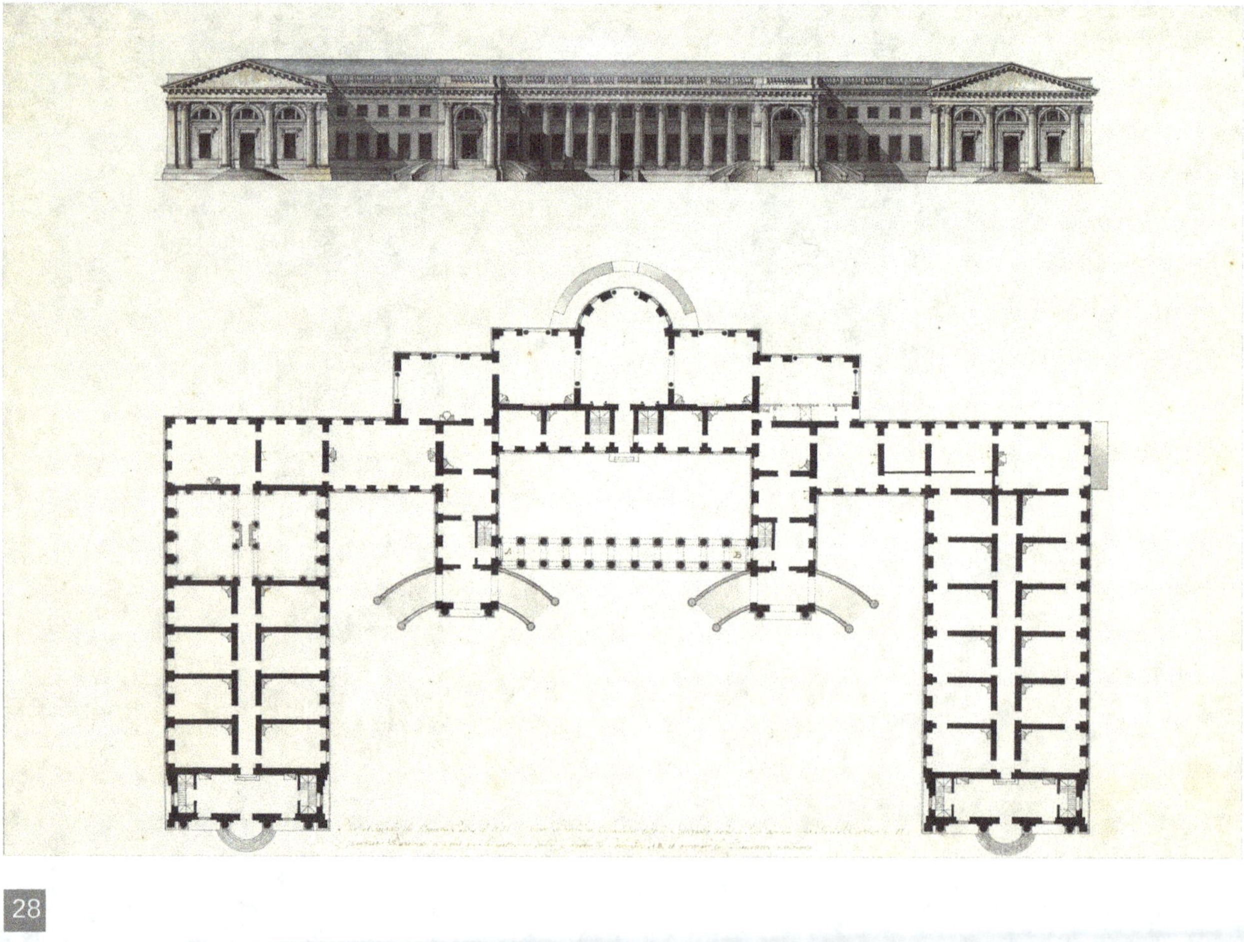

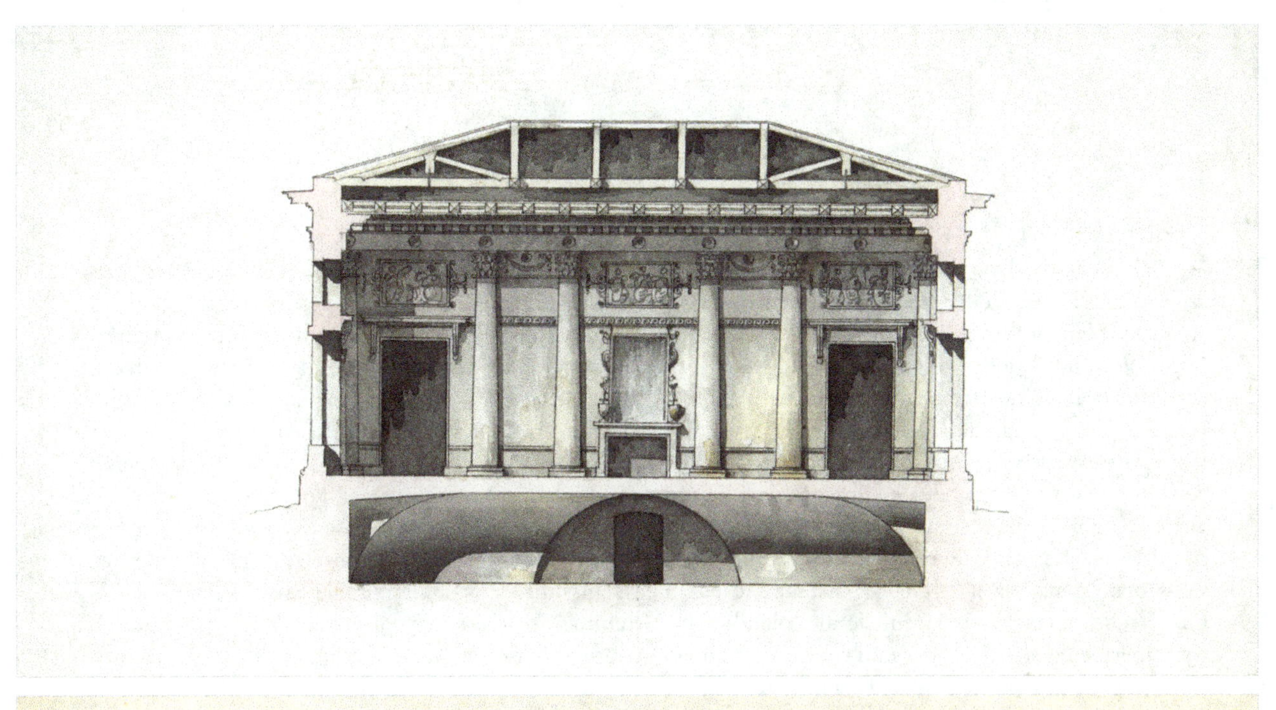

Quattro vedute del palazzo di Alessandro I° a Tsarskoye Selo (villaggio degli zar). Da sinistra a destra e dall'alto in basso: Salone centrale del palazzo. Elevazione e pianta del pianterreno del palazzo. Progetto per un locale del palazzo. Sala del palazzo di Alessandro. (Metropolitan Museum with licence CC0 1.0)

Tav. III. IV. V. VI.

Niuna cosa così potentemente contribuisce alla prosperità ed al perfezionamento delle Belle Arti, ed in particolare dell' architettura, quanto l'esempio di un sovrano che le favoreggi e protegga. Bastò ad Augusto il far conoscere il suo desiderio di vedere abbellita la capitale del mondo, perché i più ricchi patrizi la popolassero di nuovi edificii, e perché il suo primo ministro Agrippa innalzasse quel famoso Panteon, che è tuttora uno de' principali ornamenti di Roma. Il duca Federico Gonzaga chiama alla sua corte Giulio Romano, e nello spazio di soli vent'anni Mantova sorge emula delle più magnifiche città d' Italia.

Il principe Bisbarotko innalzato al sublime grado di primo ministro di Catterina II, poi di Paolo I, risolve di edificare nell'antica capitale dell'impero russo un magnifico palazzo, e ne commette il disegno e la direzione al Quarenghi, il quale combinando la magnificenza conveniente a ministro di potentissimo monarca, coi comodi della domestica vita, niente ommise di tutto quanto poteva condurlo al conseguimento del duplice suo scopo. Immaginava perciò eleganti maestosi atrii e ricchissimi appartamenti e sale e teatro e gallerie e biblioteche e quant' altro si richiede allo splendido intrattenimento de' più ragguardevoli personaggi nazionali e stranieri, e de' sovrani medesimi che l'onoravano della loro confidenza. Ma qualunque volta fosse piaciuto al principe di gustarvi le delizie della privata vita, doveva pur esservi ciò che di più gentile e voluttuoso può avere la signorile abitazione di ricchissimo cavaliere. Mosca fu meno di Roma fortunata, perciocché non erano appena posti i fondamenti di così grandioso edificio, che Io splendido ministro morì; e se conservati non si fossero gli originali disegni, che accuratamente incisi presento al Pubblico nelle quattro seguenti tavole, si sarebbe forse perduta perfino la memoria di così nobile impresa.

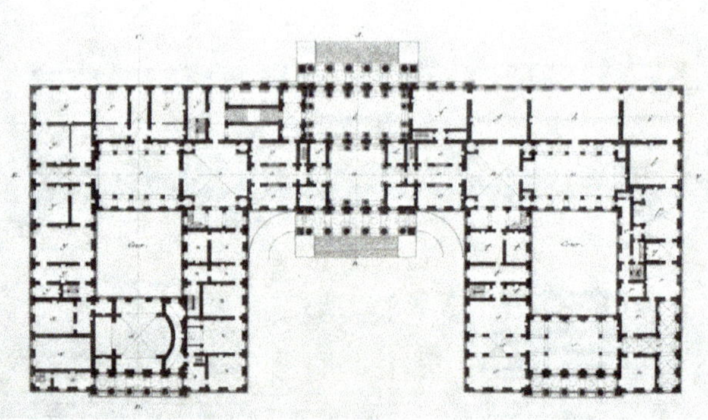

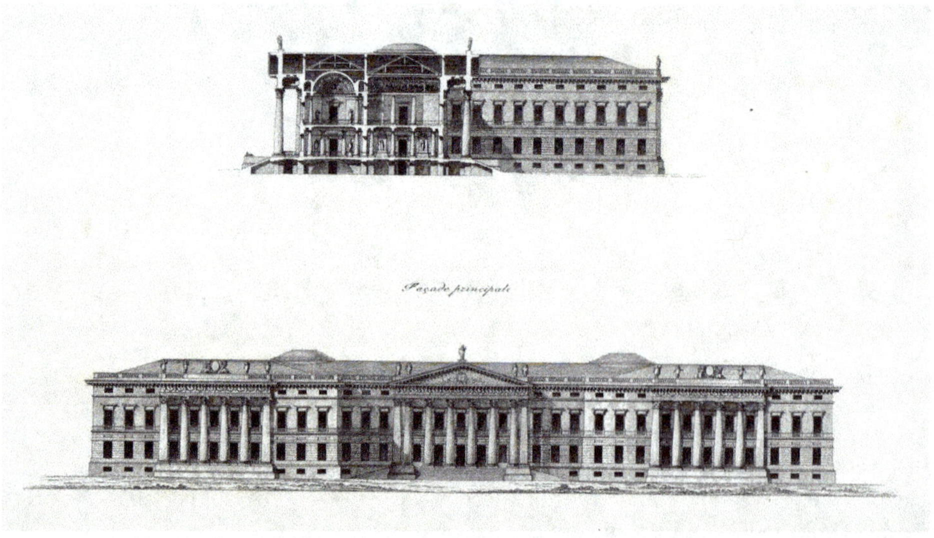

Coupe sur la ligne C.D.

Coupe sur la ligne E.F.

Chev. de Quarenghi.

Tav. VII, VIII, IX, X, XI

Sebbene presentemente possa riguardarsi come dall' universale con sentimento stabilita l'interna forma de' moderni teatri, non perciò deve credersi che suscettibili non siano di utili miglioramenti, sia per rispetto alla distribuzione delle logge, che per conto della più economica forma della platea. A ciò mirando il Quarenghi qualunque volta ebbe commissione di far disegni di teatri, tentò nuove vie e partiti onde ottenere qualche utile novità. A Bassano, piccola ma ridente città della Marca Trevigiana, renduta in pochissimi anni popolarissima e doviziosa da fiorente commercio e dall' industria de' suoi abitanti, mancava un teatro conveniente al

nuovo suo stato; ed il senatore Rezzonico, che aveva, fin da quando dimorava in Roma, conosciuto l'autore, gli commise di farne il disegno. Pare che questo splendido signore non limitasse le sue viste al solo oggetto della scena, ma desiderasse che il nuovo edificio servisse inoltre all'abbellimento esterno della città. Perciò nel progetto che il Quarenghi gli mandava, doveva avere elegante facciata, e gli altri lati essere abbelliti con semplice e graziosa architettura. Senza variare essenzialmente l' interno, diede alla platea la forma d'anfiteatro, siccome la più economica e più comoda, non recando impedimento agli spettatori seduti nelle file più lontane dalla scena quelli che stanno nelle prime. Ed è cosa veramente singolare, che avendo gli Italiani sotto gli occhi alcuni teatri fatti nel decorso secolo, che uniscono al vantaggio delle logge separate quello della platea in forma d'anfiteatro, venga universalmente adottata la moderna platea. Sembrando forse ai Bassanesi troppo grande la spesa di così elegante edificio, il suo progetto non ebbe esecuzione, e dopo alcuni anni si fabbricò il nuovo teatro sotto la direzione di certo Giacomo Bauto di Bassano, al quale non hanno potuto riuscire assai utili i disegni ordinati dal senatore Rezzonico.

SPIEGAZIONE DELLA
PRIMA PIANTA.

a. Atrii.
b. Grande vestibolo.
c. Caffè.
d. Camera per servizio del teatro.
e. Magazzini.
f. Scalone.
g. Camera per servizio del teatro.

PIANO SUPERIORE.

1. Sale da ridotto.
2. Platea.
3. Scena.
4. Camerini per gli attori.

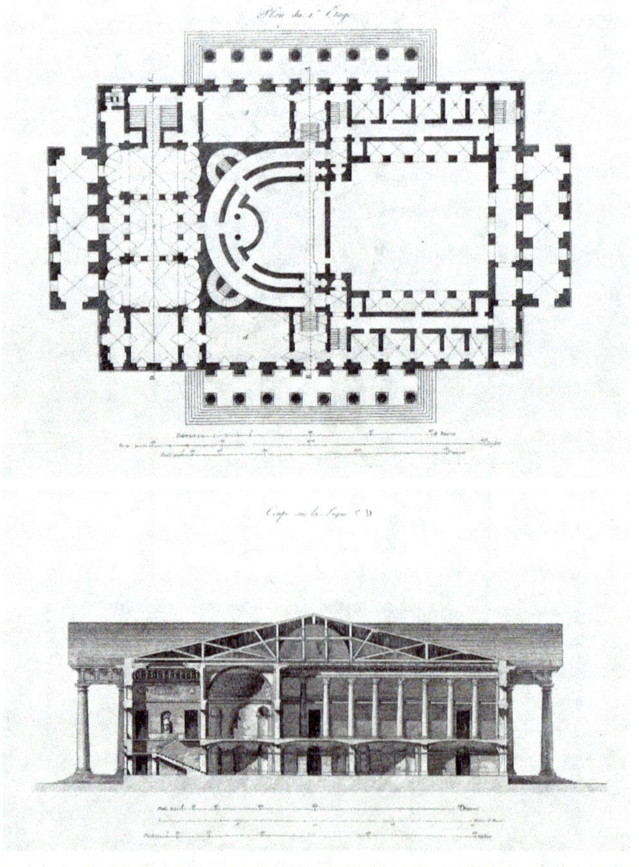

Façade du Côté
T. IX.

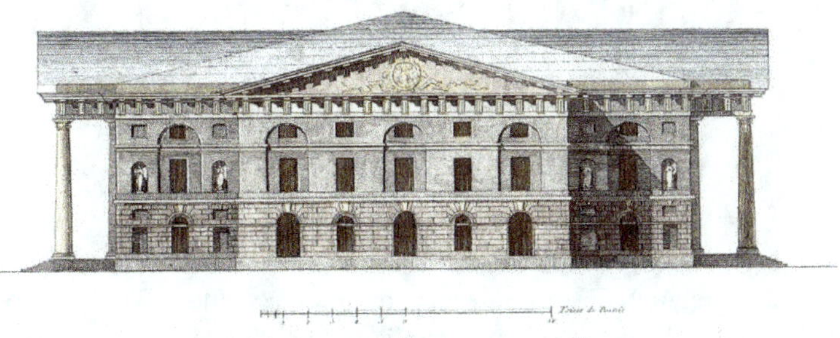

Façade du Théâtre

T. X.

Coupe sur la Ligne A.B.

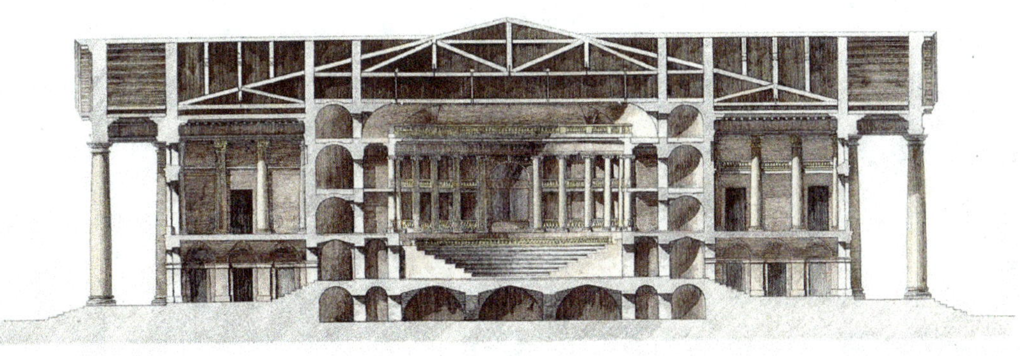

IV - CASA DI CAMPAGNA DEL CONTE DI STADING FABBRICATA IN ELGHAMMER NELLA SUDERMANIA (SVEZIA)

Tav. XII,XIII

Il Conte di Stading, vantaggiosamente noto a tutta l'Europa per le sue eminenti qualità di spirito e di cuore, e per le luminose cariche sostenute con tanto decoro, onorava, essendo a Pietroburgo, l'architetto, della sua amicizia: al quale volendo dare la più sincera testimonianza della vantaggiosa opinione che aveva de' suoi talenti, gli commise i disegni pel signorile edificio che non tardò ad erigere in Elghammer nella Sudermania. Il portico che s'innalza maestoso sopra il livello delle parti, laterali della casa, sostenuto da sei colonne joniche ed ornato di elegante frontone e di statue, senza allontanarsi dallo stile caratteristico che campeggia in tutte le opere dell'autore, presenta con facile ardimento una di quelle palladiane invenzioni di cui s'incontrano così pochi esempi negli antichi e ne' moderni edifici.

SPIEGAZIONE DELLA PIANTA.

1. Vestibolo o anticamera.
2. Sala da ballo.
3. Gabinetto.
4. Divano.
5. Sala di società.
6. Camera di ricevimento per la mattina.
7. Camera da letto,
8. Gabinetto per lo studio.
9. Biblioteca.
10. Anticamera.
11. Sala pel pranzo.
12. Credenza.
13. Cucine, e per le persone di servizio.

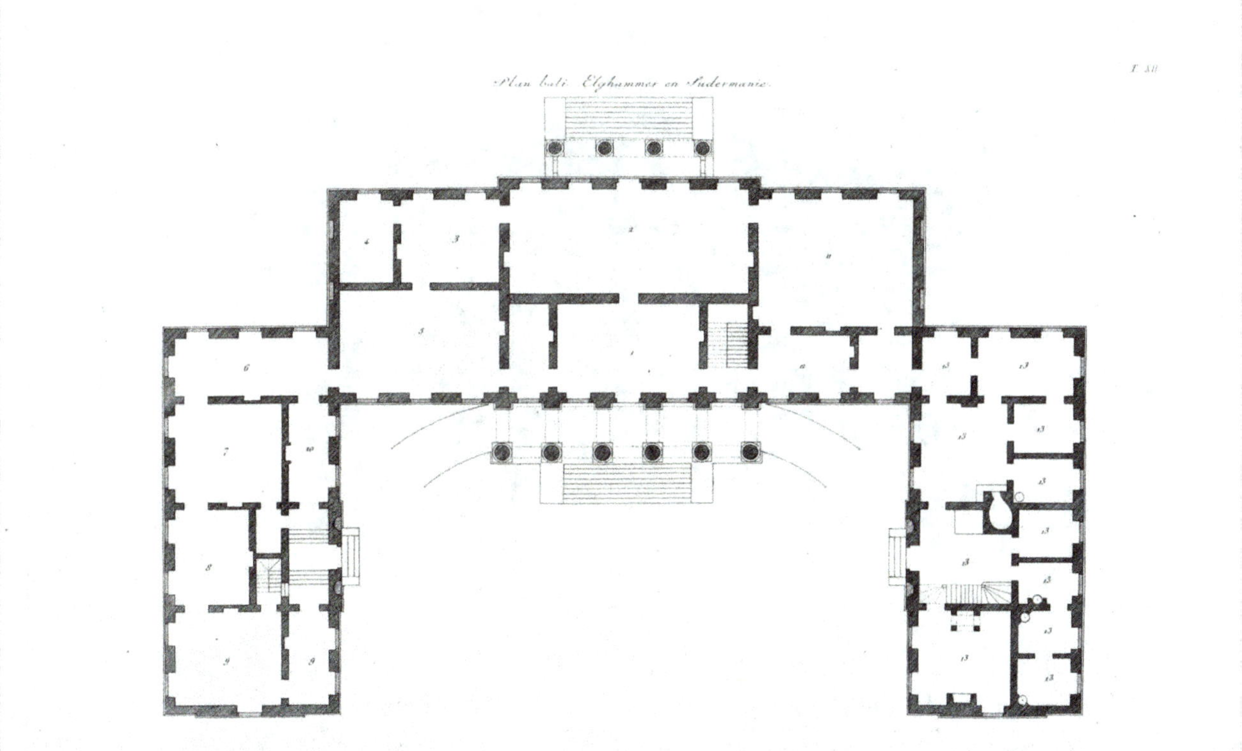

Maison de Mr. le Comte de Stading bâtie Elghammer en Sudermanie.
T. XIII 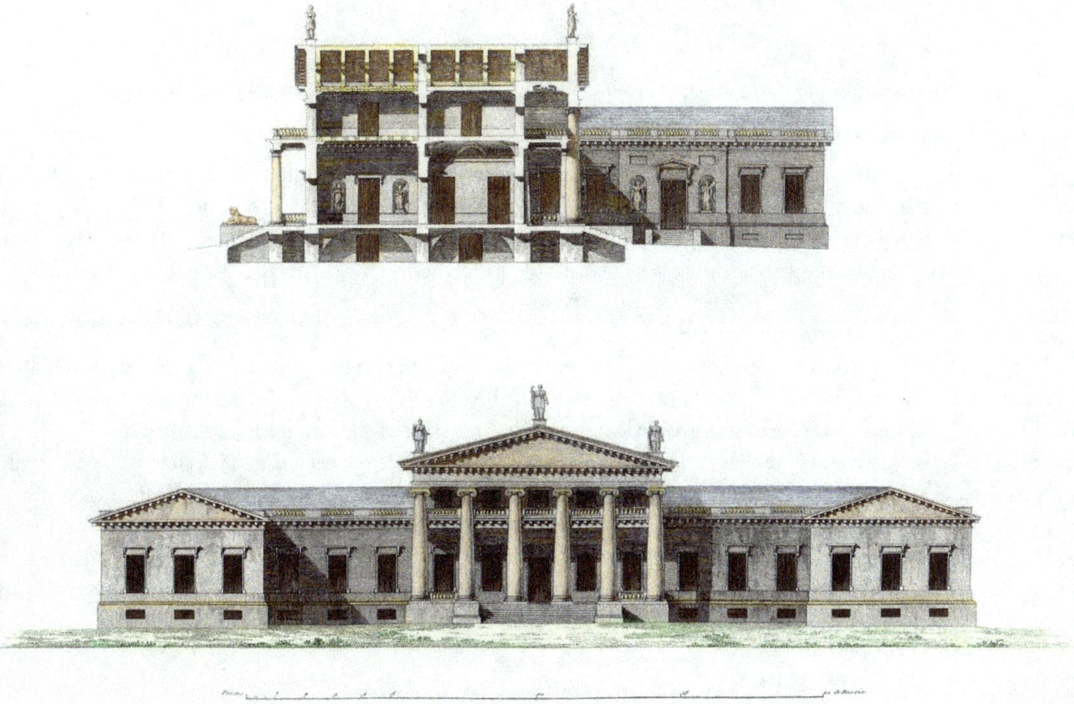
Plan bati Elghammer en Sudermanie.
T. XII

Tav. XIV, XV, XVI,XVII,XVIII

Alla magnifica caserma delle imperiali guardie a cavallo, posta in vicinanza della piazza d'Isacco, volle S. M. I. aggiungere una Cavallerizza, dove le sue guardie potessero in ogni tempo comodamente esercitarsi nella equitazione. E perché uno de' primari oggetti delle benefiche cure dell' Imperatore è quello di aggiungere con grandiosi edifici ornamento e splendore alla sua capitale, volle che la nuova Cavallerizza corrispondesse per ogni riguardo alle vaste generose idee di così alto Sovrano.

Semplice ad un tempo e grandioso è l'aspetto di questo nobile edificio da qualunque lato si osservi, ma ornatissimo è in quella parte che corrisponde al viale del pubblico passeggio, che forma la più bella e frequentata parte della città, nella quale, oltre gli ornati architettonici, vi si ammirano due colossali statue di marmo statuario di Carrara, rappresentanti Alessandro Magno in atto di domare il suo Bucefalo.

Un portico dorico di otto colonne di faccia sostiene un ricco frontone con bassorilievo allusivo ad una solenne distribuzione dei premi ai vincitori nella corsa de' cavalli. Entrando nella cavallerizza si vedono a destra ed a sinistra due gallerie riservate alle signore ed ai ragguardevoli personaggi che bramano di godere lo spettacolo della equitazione. Tutti sentono l'utilità della medesima tanto rispetto al profitto che possono ritrarne gli spettatori, quanto per aggiungere stimolo di gloria in coloro che vi si esercitano. Trovansi nell'opposto lato due scuderie e comode abitazioni pel custode e pei palafrenieri.

SPIEGAZIONE DELLA PIANTA.

a. Ingresso pei cavalli. b. Abitazioni del custode e dei palafrenieri. c. Scuderie. d. Cavallerizza. e. Gallerie per le signore e persone di alto grado. f. Camere con cammino. g. Grande vestibolo.

Schizzo della Cavallerizza colorato dal Quarenghi non presente nella raccolta delle *Fabbriche e disegni* trattandosi di un originale conservato al Metropolitan Museum (with licence CC0 1.0)

Façade du côté de gardes à cheval.

Coupe sur la longueur

Façade du Côté

Tav. XIX,XX

Questa illustre erede delle virtù e della munificenza della gloriosa Famiglia Estense, cui le Belle Arti vanno debitrici, non meno che alla famiglia dei Medici, dei portentosi progressi fatti in Italia nel sedicesimo secolo, si degnò in diverse occasioni di dare a mio padre la più lusinghiera assicurazione della splendida sua protezione, che si estese ancora sui di lui figli, presso i quali si manterrà sempre viva la memoria delle sue beneficenze.

Onorato più volte de' suoi reali comandi, soddisfece, il meglio che per lui si poteva, allo commissioni dell'inclita principessa, ed il grato suo animo fu vivamente commosso vedendo benignamente aggradite ed avute in pregio le sue fatiche da chi cosi a dentro sente e può con isquisito gusto giudicare delle cose delle Belle Arti.

Accogliendolo nel suo passaggio per Vienna colla consueta clemenza quando fu l'ultima volta in Italia, gli commise di presentarle un progetto per la sala a mangiare del suo nuovo palazzo nella capitale dell'Austria, che si andava in allora instaurando. L'Architetto traendo ogni possibile vantaggio dal locale a ciò destinato, ed abbellendolo con tutte le ricchezze che può l'arte somministrare in colonne, in statue, in fregi, in bassorilievi e simili, nulla omise di tutto quanto contribuire poteva a renderla degna dell'illustre principessa ch'ebbe la bontà di contestargliene l'intera sua soddisfazione.

Pubblicando i disegni di questa sala mi riesce sommamente caro di poter dare una solenne testimonianza di ammirazione e di gratitudine alla generosa benefattrice della mia famiglia.

Plan et le Plafond de la Salle à manger de Son Altesse Royale l'Archiduchesse Marie Beatrice de Modène à Vienne.

Projet de la Salle à manger de Son Altesse Royale l'Archiduchesse Marie Beatrice de Modène à Vienne.

Tav. XXI, XXII,XXIII,XXVI, XXV,XXVI

Volendo S. M. l'Imperatrice madre dare alle nobili donzelle che vengono educate nel convento di Smolni, una più comoda, spaziosa e decente abitazione, ordinò l'erezione di questo grandioso edificio, che per mezzo di coperto corridoio comunica coll'antico. Sentiva la benefica principessa, che a conservare la salute e l'ilarità in quelle interessanti giovinette doveva sommamente contribuire la bella e ben ripartita disposizione degli appartamenti, la vastità delle logge e delle sale e l'amenità di attiguo giardino; e tale volle che fosse il nuovo edificio, elegante e comodo in ogni parte, splendido e magnifico ne' luoghi destinati alle pubbliche adunanze.

Ne deve passarsi sotto silenzio la scelta della località lungo le rive del Neva, onde le giovinette alunne, o affacciandosi ai balconi della loro abitazione, o passeggiando, durante la bella stagione, nel sottoposto giardino, trovassero largo sollievo all'occupazione dello studio e del lavoro nella variata maestosa vista di quell'ampio fiume, sempre in estate popolato di navigli, e di vetture d'ogni maniera nell'inverno.

L'architetto, penetrato d'ammirazione verso Sua Maestà Imperiale, che si degnò di entrare ne' più minuti particolari di un edificio destinato a così utile oggetto, confessava di andare debitore alle benefiche cure ed ai lumi dell'augusta Donna dell'ottima riuscita di cosi magnifica fabbrica che attesterà alla ammiratrice posterità, con altri suoi stabilimenti di pubblica beneficenza, l'egregie doti della mente e del cuore della gloriosa madre di Alessandro I.

Le spiegazioni delle piante trovansi in margine alle medesime.

 T. XXIII.

Plan et Façade de l'Institut de Demoiselles nobles. T. XXII.

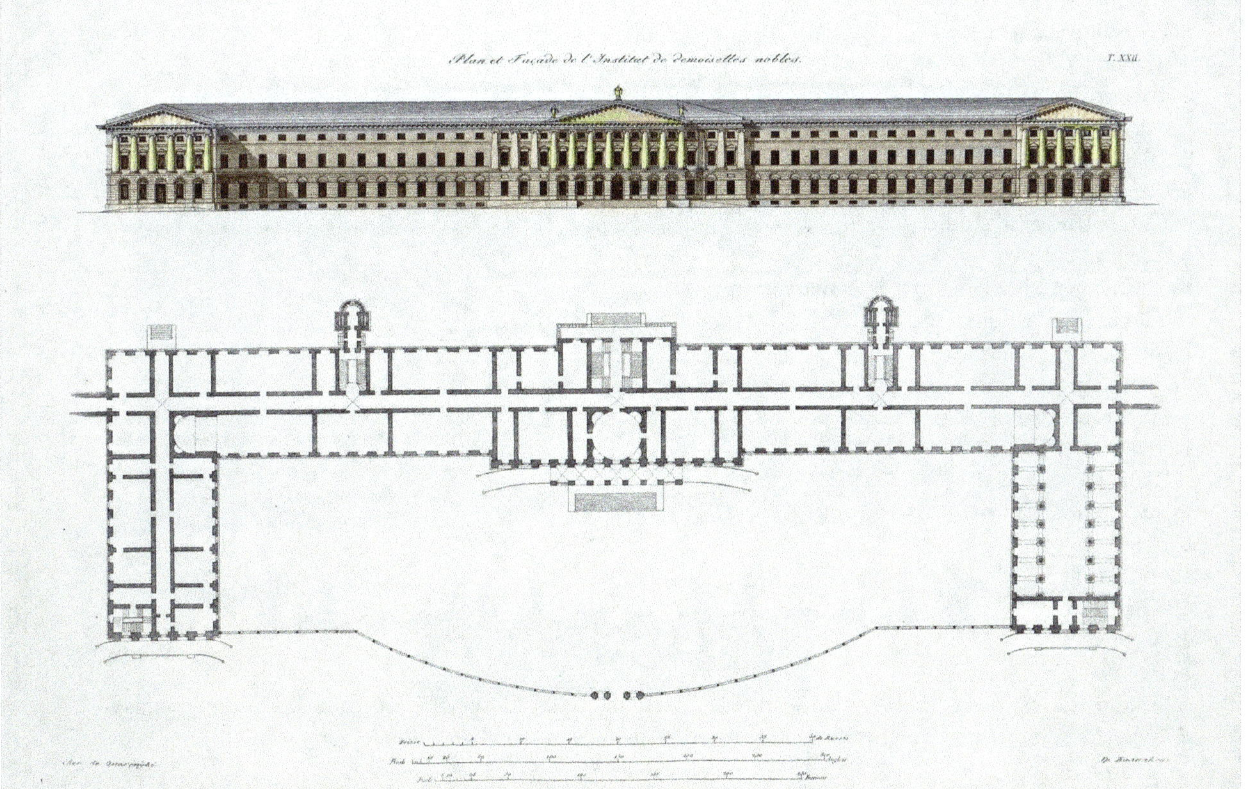

Tav. XXVII

Incaricato l'architetto da S. M. L'Imperatore Paolo I di ridurre a più nobile e gentil forma questo edificio composto di varie fabbriche di altezza diverse e di figura, cercò, per quanto lo consentivano le circostanze di dover conservare gli antichi fondamenti, di corrispondere nel miglior modo possibile ai desideri dell' augusto monarca, ed ottenne di togliere o per lo meno di rendere quasi insensibile tale deformità, col dividere internamente la casa in due, potendosi a piacimento chiudere la porta segnata coll'asterisco (*).

Ad ogni modo, ciò che più d' ogni altra cosa contribuì a renderlo più vago e delizioso, fu il giardino pensile che, posto a livello del piano nobile, offre le più ridenti viste che immaginare si possano. Le principali cure dell' architetto furono consacrate all' interna distribuzione degli appartamenti che dovevano accoppiare la magnificenza all' eleganza; e sebbene contrariato dai sovrallegati ostacoli, trovò utilissimi partiti per ottenere l' intento. Un incendio accaduto non molti anni dopo terminato l'edificio, che gravemente lo danneggiò, diede luogo a considerabili cambiamenti progettati ed eseguiti da altri architetti. La pianta e la facciata dell' unita Tav. XXVII sono le originali inventate ed eseguite sotto la direzione del Quarenghi.

La stessa sorte toccò a vari altri edifici da lui progettati e diretti, onde scrupolosamente mi guarderò dall' attribuirgli ciò che fu posteriormente fatto da altri architetti, dando sempre i suoi originali disegni.

SPIEGAZIONE DELLA PIANTA.

1. Scalone.
2. Prima anticamera.
3. Seconda.
4- Sala ordinaria pel pranzo.
5. Salone.
6 Sala di società.
7. Camera da letto.
8. Gabinetto per lo studio.
9. Toeletta.
10. Anticamera per l'ingresso della mattina.
11. Guardaroba per gli abili.
12. Stanza pel cameriere.
13. Bagno.
14- Guardaroba.
15. Sala da ballo.
16. Sala dei banchetti,
17. 18. Credenze.
19. Chiesa.
20. Bigliardo.
21. Giardino.
22. Corte.

a. Scalone del lato destro. b. Prima anticamera. c. Seconda. d. Sala di società. e. Gabinetto. f. Camera da letto. g. Toeletta. i. Stanze per le cameriere. l. Guardaroba. m. Sala pel pranzo.

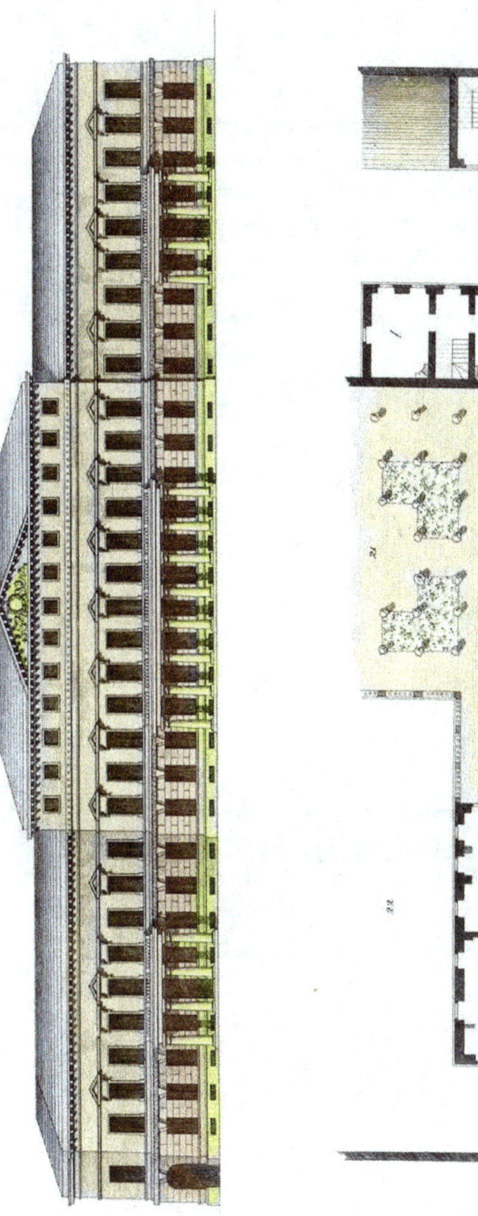
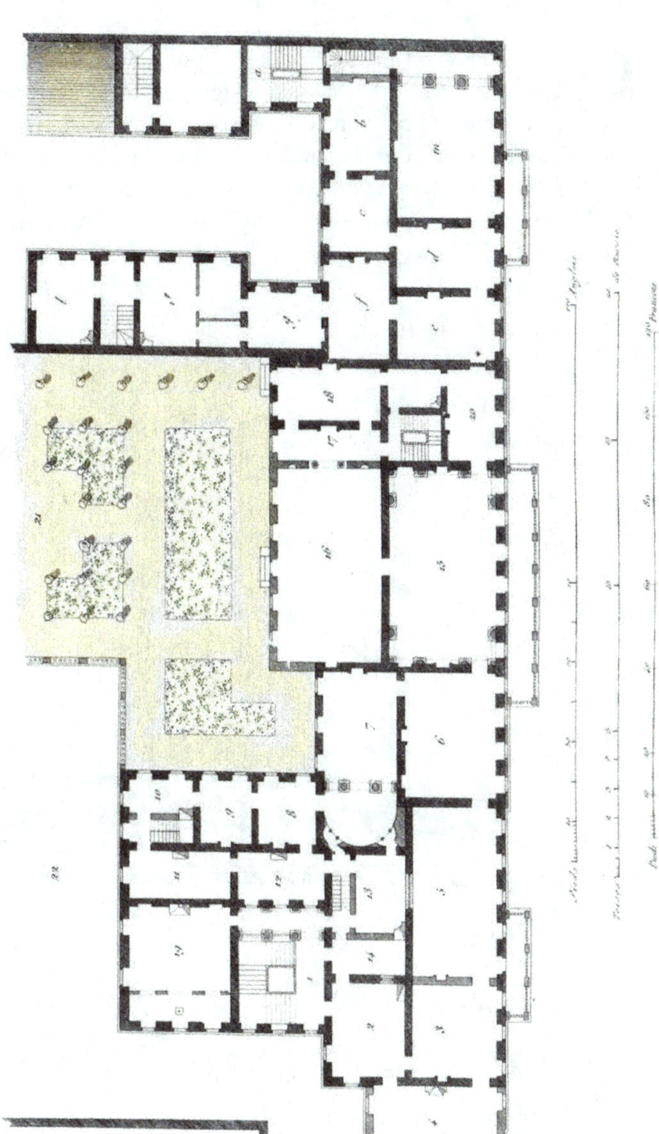

Tav. XXVIII

Questa galleria fu progettata dall'autore c condotta a termine sotto la sua direzione, per ornamento del palazzo di quel ricchissimo signore, in occasione che voleva festeggiare la dichiarazione del suo matrimonio, ciò che poi non ebbe luogo a cagione della repentina morte della Contessa. La galleria doveva formare tre corpi, e ridursi, quando si voleva, ad un solo col levare le finte pareti di legno poste tra le colonne; la qual cosa si eseguì più volte in un istante con grata sorpresa degli spettatori; ma all' ultimo si pensò di lasciarla in un solo corpo, essendo così più nobile e maestosa.

Altro famoso edificio realizzato dal Quarenghi fu quello per il ministro principe Bisbarotko (vedi scheda 2). qui sopra possiamo vedere la sezione verticale della sala da ballo di tale palazzo. (Metropolitan Museum with licence CC0 1.0)

Coupe de la Galerie Galli dans le Palais de S. E. M: le Comte de Cheremeleff.
à Terses
Pieds Anglois
Pieds François
Chevallier de Gueringui inv
Gravé Calpaceff

Tav. XXIX,XXX,XXXI,XXXII,XXXIII,XXXIV

Questo teatro è forse il primo che siasi fabbricato secondo la forma di quelli degli antichi per rappresentarvi i moderni spettacoli, giacché il teatro Olimpico dell'immortale Palladio fu soltanto destinato a rappresentare traduzioni o imitazioni di tragedie greche; onde quel sommo architetto non pensò al cambiamento della scena, e la fece stabile in rilievo. L' irregolarità dell' area lo obbligò ad adottare la figura elittica invece della semicircolare, come può vedersi nella Tav. XXIX. Una breve descrizione degli antichi teatri, tratta dagli scritti di mio padre, nei quali egli aveva raccolto tutto ciò che intorno a questo importante argomento e ad altre parti dell'antica architettura aveva notato ne' suoi viaggi appositamente fatti in diverse parti dell' Italia, spargerà qualche lume su questa materia. Mi riservo a pubblicare in appresso più estesamente queste sue memorie unitamente ad alcuni precetti dell' arte, che egli aveva metodicamente disposti.

Da principio tutti i teatri erano di legno e fatti in occasione di qualche importante avvenimento per divertire il popolo o per cattivarselo. Forse i primi a farli furono i Greci, e si dice che tale era in Atene il teatro di Bacco eretto per ordine di Pericle. Pompeo il grande imitò in Roma l'esempio dell'illustre Ateniese, e per deludere le leggi che non permettevano tali edifici, e per non inimicarsi i Sacerdoti, vi aggiunse un piccolo tempio dedicato a Venere.

La vasta estensione di questi teatri che contenevano parecchie migliaia di persone, non permetteva che avessero tetto, onde si difendevano gli spettatori dai raggi del sole con tende o vele, ed in caso d' impreveduta pioggia trovavano riparo negli ampi corridoi fatti sotto l'anfiteatro. Pretendono alcuni, che certi piccolissimi teatri avessero il tetto. Le principali parti dei teatri greci e latini erano la scena col suo postscenio, il proscenio o *pulpitum*, l'orchestra e l'anfiteatro.

La scena era rettangolare, ed offriva agli spettatori un'elegantissima prospettiva. Aveva tre porte in faccia, per le quali passavano gli attori che avevano diverse uscite a seconda delle parti che rappresentavano. Eranvi pure due uscite laterali destinate agli attori subalterni. La scena non rappresentava altrimenti il luogo in cui supponevasi accaduta l'azione, perché gli antichi non conoscevano il moderno ritrovato di mutare facilmente le decorazioni ad ogni cambiamento di luogo dell'azione, e supplivano in parte a tale difetto col far comparire qualche caratteristico segno indicante il luogo dell' azione supposto nella favola rappresentata. Avevano inoltre certi ordigni sotto e sopra le porte per far comparire sulla scena le ombre e le furie, e per far scendere dal cielo qualche divinità, e tenerle in aria, secondo richiedeva la natura della rappresentazione.

Il postscenio trovavasi dietro la scena, e consisteva in parecchie sale e corridoi servibili agli attori ed a custodire tutto quanto era necessario al teatro, come altresì per ricoverarvisi in caso di pioggia; e perciò era sempre coperto da un tetto. Il proscenio era ne' teatri romani il luogo in cui tutti gli attori rappresentavano le loro opere: ma presso i Greci i danzatori ed i pantomimi davano i loro spettacoli nell'orchestra.

L' orchestra era uno spazio vuoto nel centro del teatro, dove presso i Romani avevano posto i senatori, le vestali ed i più distinti personaggi.

Per ultimo l'anfiteatro, comune a tutti gli spettatori, aveva la figura di un mezzo cerchio, che insensibilmente si andava innalzando con una serie di gradini che terminavano ad un corridoio, o ad un portico coperto. Meravigliosa era la disposizione degl'ingressi e delle uscite, potendo, ancora ne' più vasti teatri, in brevissimo tempo entrare ed uscire senza confusione tutti gli spettatori.

La Tavola XXIX rischiarerà questi brevi cenni intorno agli antichi teatri. Le altre cinque appartengono al nuovo teatro dell'Eremitaggio, fatto soltanto per uso della famiglia imperiale , della corte e de' personaggi che vengono ammessi a questo singolare favore. I posti nella platea, corrispondenti all' orchestra degli antichi teatri , vengono d'ordinario occupati dai personaggi per età e per cariche più ragguardevoli.

Le colonne ed i muri sono a scaglinola imitante il marmo. Sull'esempio di molti antichi capitelli, ed in specie di quelli da lui rinvenuti tra le mine del teatro di Pompeo, sostituì ai rosoni ne' capitelli corintii le maschere sceniche. Le nicchie dell'intercolonne sono occupate dalle statue di Apollo e delle Muse, ed i sovrapposti medaglioni vedosi ornati di bassirilievi coi ritratti de' più illustri poeti e maestri di musica. Al di sopra del proscenio, corrispondente al *pulpitum* degli antichi, e sotto all'orchestra, l'architetto fece fare archi di legno d'abete, onde rendere i suoni più distinti e più sonori. Vasta è la scena e capace di grandiosi spettacoli tanto per l'opera in musica che pei balli.

SPIEGAZIONE DELLA PIANTA.

a. Alloggio del custode e sala per le piccole prove.
b. Sala per i figuranti.
c. Magazzino per le decorazioni e per le macchine.
d. Magazzino pei vestiti.
e. Sala per le prove generali.
f. Camerini degli attori.
g. Scena e teatro.
h. Sala di comunicazione agli appartamenti imperiali.

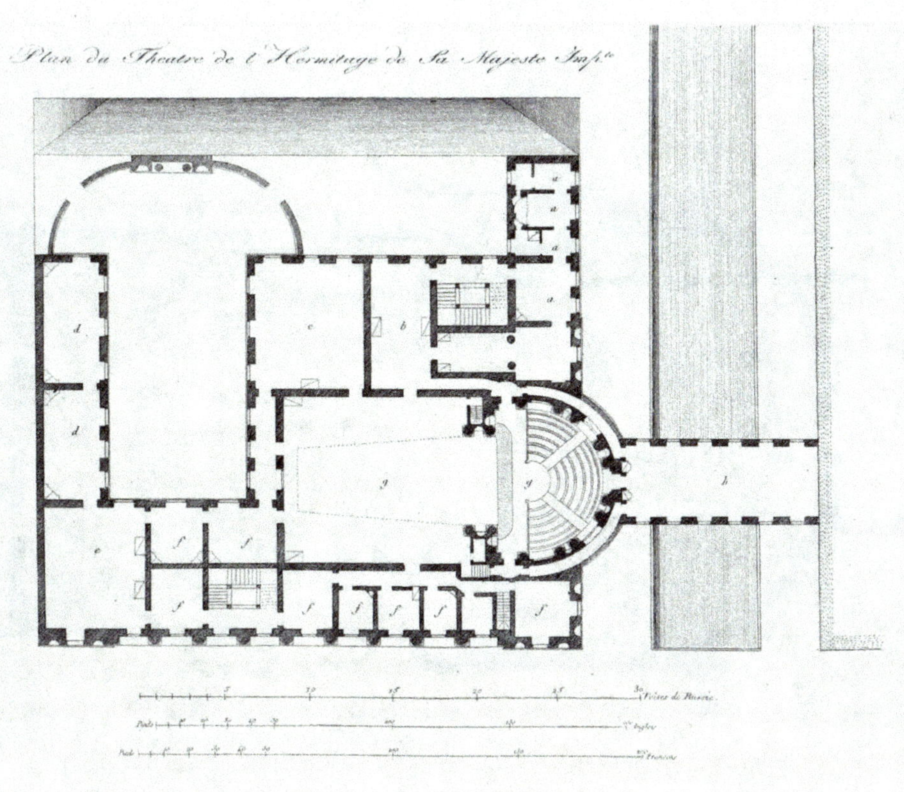

Façade du Théatre de l'Hermitage.

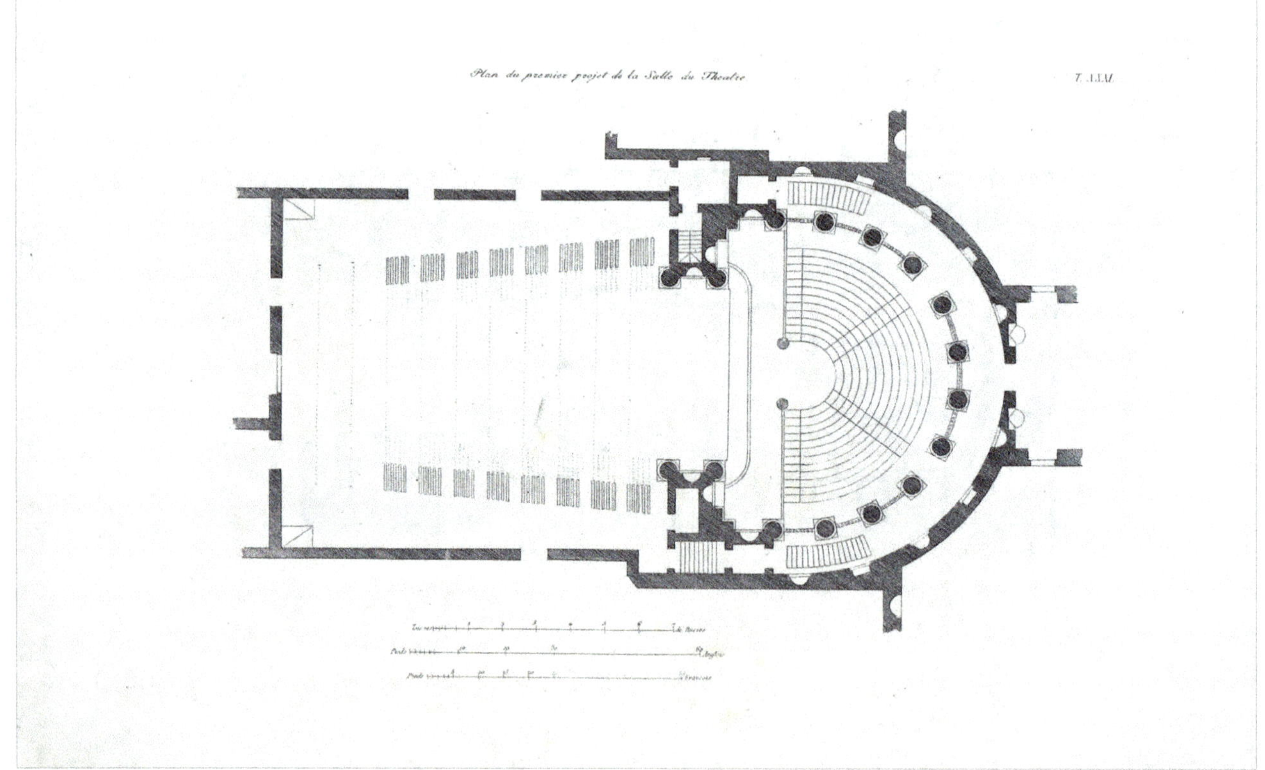

Plan du premier projet de la Salle du Théatre.

Coupe du Théâtre de l'Hermitage sur la largeur

Coupe du Théâtre de l'Hermitage sur la longueur

Tav. XXXV, XXXVI

Il locale che formava lo spazio di questo vestibolo, era occupato da una scala e da una camera che ad altro non servivano che a comunicare col giardino d'inverno dell'Eremitaggio, i di cui diversi usi e rapporti dovevano essere conservati. Si dovettero superare molti ostacoli per conservare tale comunicazione col giardino senza molestare veruna persona per ridurre ogni cosa nella presente forma, e rendere il vestibolo analogo e dello stesso carattere di quello della galleria destinata a conservare una preziosa e ricca collezione di quadri della scuola francese.

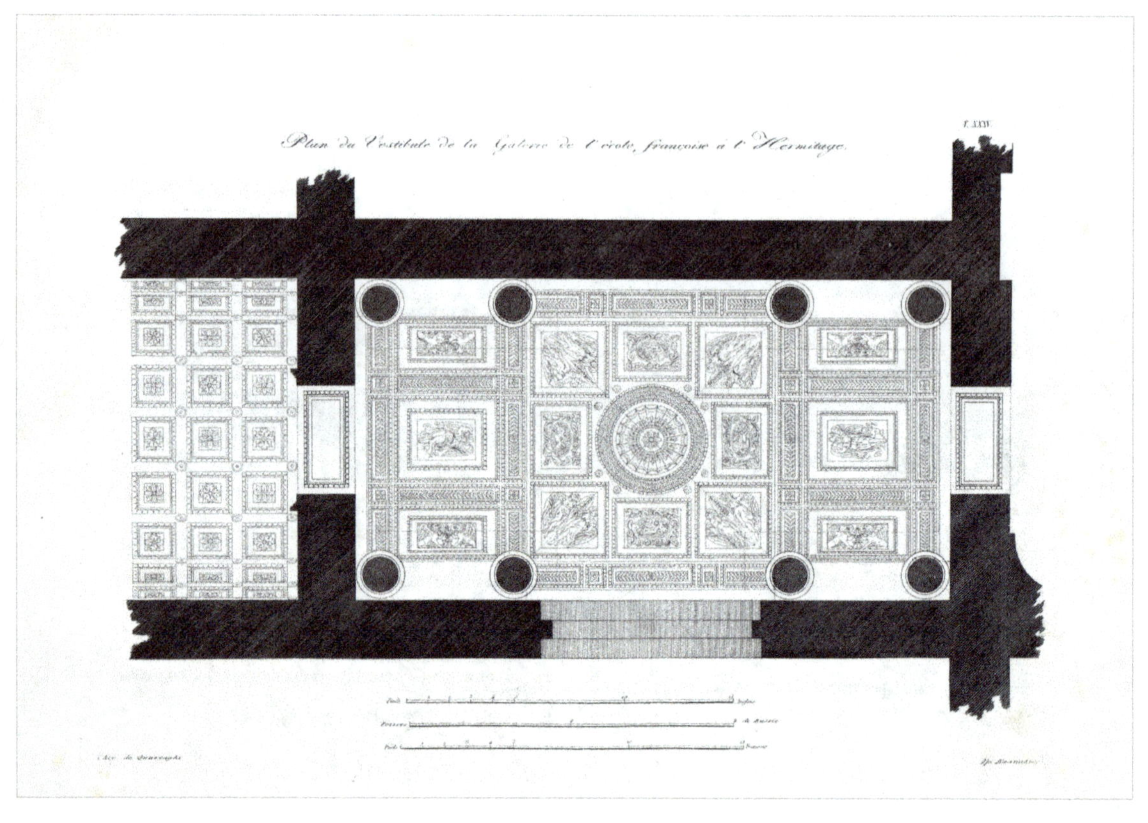

Vestibule de la Galerie de l'école françoise.

Tav. XXXVII. XXXVIII. XXXIX. XL.

Alle singolari dimostrazioni di benevolenza con cui S. M. il Re di Baviera e S. A. R. il Principe ereditario si degnarono di onorare il Quarenghi allorché fu di passaggio a Monaco, aggiunsero la più lusinghiera per un architetto, la commissione di vari progetti di edifici, tra i quali quello di una cavallerizza che co' suoi disegni venne innalzata in Monaco.

Semplice, robusta, dignitosa è l'esterna architettura, come si conviene a simili edifici ; e l'interno, conservando lo stesso andamento di linee, trovasi inoltre arricchito di alcuni vaghissimi bassorilievi allusivi al soggetto. Le comode logge, riservate ai personaggi di elevato grado, contribuiscono pure all' ornamento di quel vasto ricinto, convenientemente provveduto di tutto quanto si richiede perché l' utile esercizio dell' equitazione non vada disgiunto dal dilettevole tanto per gli attori che per gli spettatori.

Alla Tavola XXXVII, rappresentante il prospetto e la pianta, vanno unite le tre seguenti, le quali, a differenza della prima, sono incise a semplice contorno, e rappresentate più in grande per meglio distinguerne le parti ; e sono parte della facciata, e gli spaccati dell'interno. La loro precisione rende inutile ogni ulteriore schiarimento.

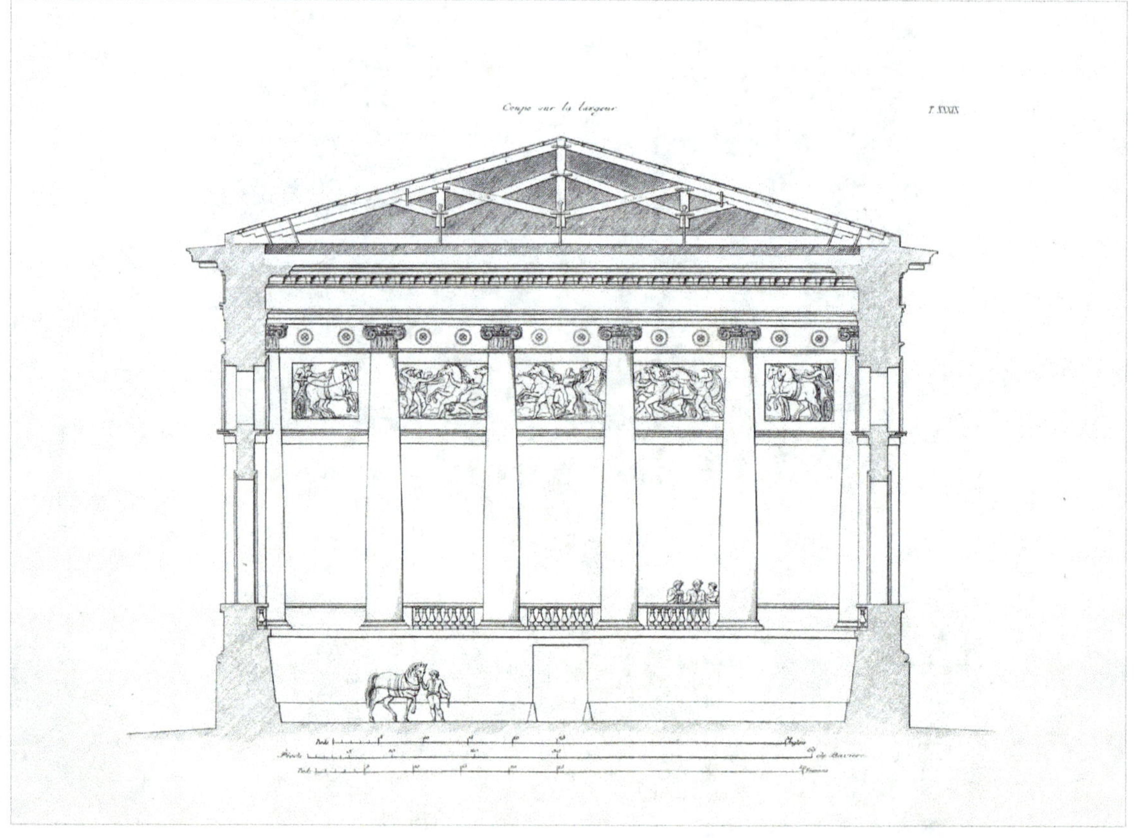

Le Manege Royal bati à Meaux.
T. XXXVII

Partie de la Façade.
T. XXXVIII

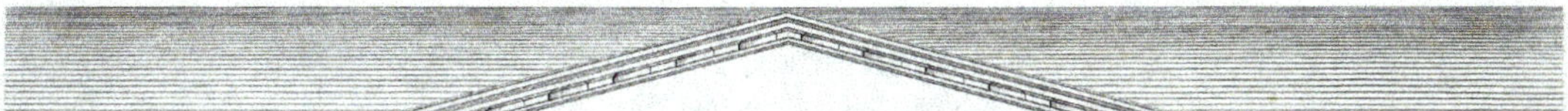

Tav. XLI. XLII. XLIII. XLIV.

L'imperatore Paolo I, compassionando la sorte degl'infelici membri dell'ordine di S. Giovanni di Gerusalemme, scacciati dall'isola di Malta, spogliati delle loro commende e benefici, e qua e là dispersi in diverse parti dell' Europa, ne accolse moltissimi ne' suoi vasti domini, e loro assegnò in Pietroburgo uno de' più magnifici palazzi. E perché nulla mancasse al decoro ed alla pietà degl'illustri cavalieri, incaricò il Quarenghi d'innalzare entro al recinto dello stesso palazzo due ornatissime cappelle, una per chi professava il culto greco, l'altra per quelli addetti al culto cattolico. Fece per la seconda, che si eresse prima dell'altra, due progetti, e venne prescelto il meno costoso e di più facile esecuzione. Fu posta la prima pietra il 23 agosto del 1798, e del 1800 nel giorno della vigilia della festa di S. Giovanni, protettore dell' ordine, trovandosi condotta a fine, venne solennemente consacrata. Per eternare la memoria del quale atto si collocò in faccia al trono del Gran- Maestro la seguente iscrizione:

PAVLO I IMPERATORE

AC

ORDINIS . S. JOANNIS . HIEROSOLYMITANI . MAGNO . MAGISTRO

TEMPLVM . HOC . A . FVNDAMENTIS . ERECTVM

STANISLAVS . SIESTREZENCEWISZ . A . BOHVZ

ARCHIEPISCOPVS . METROPOLITANVS . MOHILOVIENSIS

ET . EIVSDEM . ORDINIS . MAGNVS . ELEEMOSINARIVS

IN . HONOREM . S. IOANNIS . BAPTISTAE

CONSECRAVIT

XV . KAL. JVLII . AN. MDCCC

PONTIFICATVS . PII . VII . PRIMO

Opus Jacobo Quarenghi
Aequitis ejusdem Ordinis.

Al progetto dell'edificio l'architetto aggiunse pure i disegni delle pitture che lo adornano, tutte allusive alle cose dell'ordine. Le colonne sono di finto marmo giallo, e di finto marmo bianco i corrispondenti pilastri ed il fregio. Tali pilastri, alti un terzo meno delle colonne, servono a sostenere le orchestre, e furono così collocati per lasciar signoreggiare l'ordine principale, evitando l'interrompimento di un secondo ordine che avrebbe distrutta l'unità e l'armonia. Oltre l'esempio da Vitruvio riferito nel lib. V, cap. I. , dove tratta della basilica di Fano, l'architetto adduce a sua giustificazione i principi della sana ragione e l'esperienza più volte da lui fatta di questo metodo con ottimo effetto nell'interno ornato de' grandi appartamenti.

SPIEGAZIONE DELLA PIANTA.

a. Cappella di Santa Maria della Vittoria.
b. Sagristia.

Coupe

Façade du premier projet

Coupe

Façade sur le jardin du premier projet

Tav. XLV. XLVI. XLVII.

E' questo padiglione collocato nel più vago e ridente sito del parco, esclusivamente destinato ad alloggiare S. M. I. Catterina II, quando con tutto il magnifico accompagnamento della imperial corte recavasi a Peteroff per solennizzare la festa di S. Pietro. Erano destinati il pian terreno alla scelta distinta brigata dell' imperatrice il piano signorile alla sua augusta persona , alla dama d'onore, damigelle e cameriere; ed il terzo piano alle genti di servizio d'ogni maniera.

La modesta semplicità di quest'edificio, tutto spirante grazia palladiana, mirabilmente si confà al carattere del luogo in cui è situato, e dove l'arte per piacere si è nascosta sotto le ingenue, sebbene più gaie forme della bella natura. Un atrio formato da otto colonne corinzie, e coperto da maestoso frontone, occupa il centro della facciata, e senza stento alcuno si appropria la linea dell'architrave, e conserva lo stesso grazioso andamento del fregio e di tutta la superiore cornice che gira la casa.

Ampia è l'esterna scala per cui si sale al piano dell'atrio; e da questo si entra in un ornatissimo vestibolo, indi nelle altre camere indicate nella unita spiegazione della pianta.

SPIEGAZIONE DELLA PIANTA DEL PIANO NOBILE.

1. Scalone interno.
2. Scala privata.
3. Prima anticamera.
4. Seconda.
5. Toeletta.
6. Gabinetto.
7. Camera da letto.
8. Altra per le damigelle.
9. Divano.
10. Sala di società.
11. Grande vestibolo.
12. Sala pel pranzo.
13. Credenza.
14. Bigliardo.
15. Salone.
16. Toeletta.
17. Camera da letto.
18. Gabinetto.

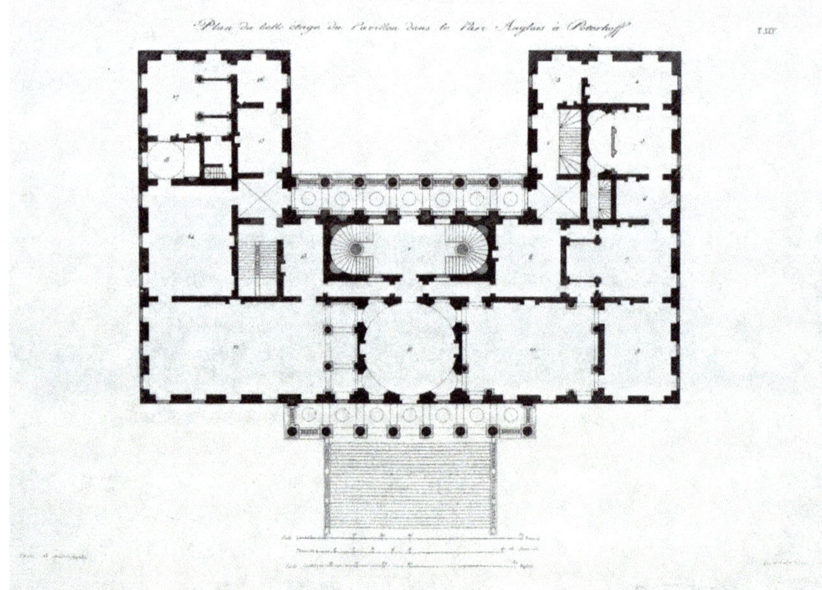

T. XLVI

Façade du Pavillon

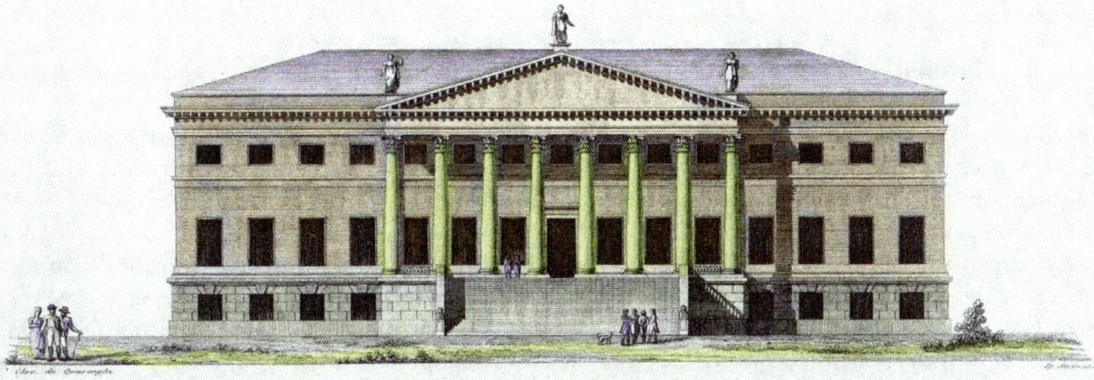

Chev. de Quarenghi

T. XLVII

Coupe du Pavillon

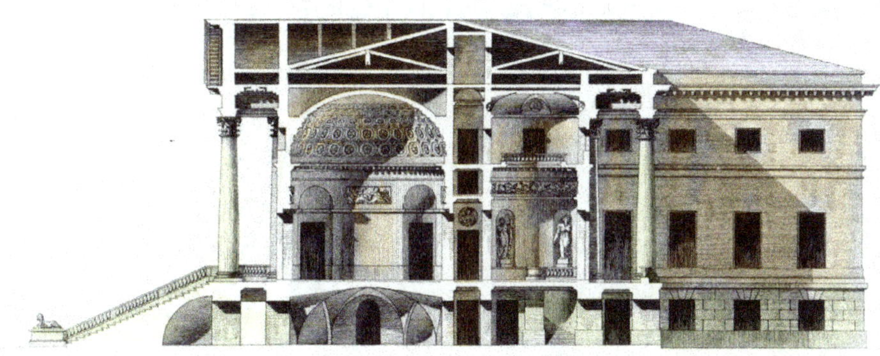

Tav. XLVIII. XLIX. L.

Supplirà alla illustrazione di questo edificio la seguente lettera apologetica che intorno al medesimo l'architetto inventore scrisse al cavalier marchese Canova:
"Approfitto della partenza di un corriere per Napoli, per mandarvi il disegno di un edificio attiguo al palazzo del gabinetto imperiale, da me ora terminato in breve tempo. Parte di quest' edificio si destinava per abitazione degl'impiegati negl'imperial gabinetto, ed il restante per botteghe di mercanzie di lusso e di piacere. Trovandosi in uno de' più frequentati quartieri della città , ho creduto conveniente di aggiungervi delle volte per il passeggio del mattino. Sebbene la decorazione del palazzo sia corinzia, ho trovato che l'ordine jonico si confaceva meglio al mio edificio, essendo in certo qual modo subalterno all'altro; e per dare maggiore robustezza e rilievo al jonico, ho fatto la cornice dorica. Questa supposta novità offese alquanto l'immaginazione de' nostri legislatori in fatto di belle arti; ma senza mancare ai debiti riguardi verso coloro che non sdegnano di occuparsi intorno alle mie produzioni, la loro critica su questo particolare non mi dà pena .... da quanto sono per soggiungere, coll'appoggio degli esempi che vi addurrò, vedrete che non è un dogma in architettura, di doversi servire piuttosto di una che altra cornice per farne l'ornamento di qualsiasi ordine. Il più antico monumento di tal genere che io conosca, è il sarcofago di Scipione barbato, scoperto a Roma da più anni. La Ninfea sul lago d'Albano, ed il sepolcro presso le mura d'Agrigento, noto sotto il nome di Teone, hanno colonne ioniche con la cornice dorica. Il primo ordine del Coliseo è dorico, ma non lo è parimenti la sua cornice. L' ordine delle colonne dell' arco d'Augusto presso la città d'Aosta, in Piemonte, è corinzio, con cornice dorica, e precisamente quale ci viene descritto da Vitruvio nel IV libro del suo Trattato d' architettura , dove parla dell' ordine corinzio e delle sue proporzioni. *Caetera membra quae supra columnas imponuntur, aut e doricis symmetriis , aut jonicis moribus , in corinthiis columnis collocantur* , ecc. Moltissimi antichi bassorilievi ci somministrano pure esempi di edifici di tale qualità ; ed io ne ho disegnati due in occasione de' miei viaggi, uno de' quali si trova a Venezia nel vestibolo di casa Nani a S. Trovaso, l' altro a Verona nella corte dell' accademia filarmonica. Potrete inoltre osservare quanto intorno a quest' articolo scrisse, parlando dell' arco d' Augusto a Rimini , il nostro celebre architetto Temanza .... Esponendovi questi miei pensamenti, altro non volli mostrarvi, se non che questa pretesa innovazione è autorizzata da infiniti esempi, o dallo stesso Vitruvio, riguardato come il santo padre dell' architettura, et chiudo col dirvi che i miei studi e le mie osservazioni intorno a ciò che si riferisce alle Belle Arti, mi hanno fatto adottare il principio, che il buon senso e la ragione non devon esser schiavi di certe regole ed esempi; e che servilmente seguendo le teorie ed i precetti de' grandi maestri senza studiarli nelle loro produzioni, e senza considerare o far attenzione al locale, alle circostanze ed agli usi, non si produrranno che mediocri cose ecc.

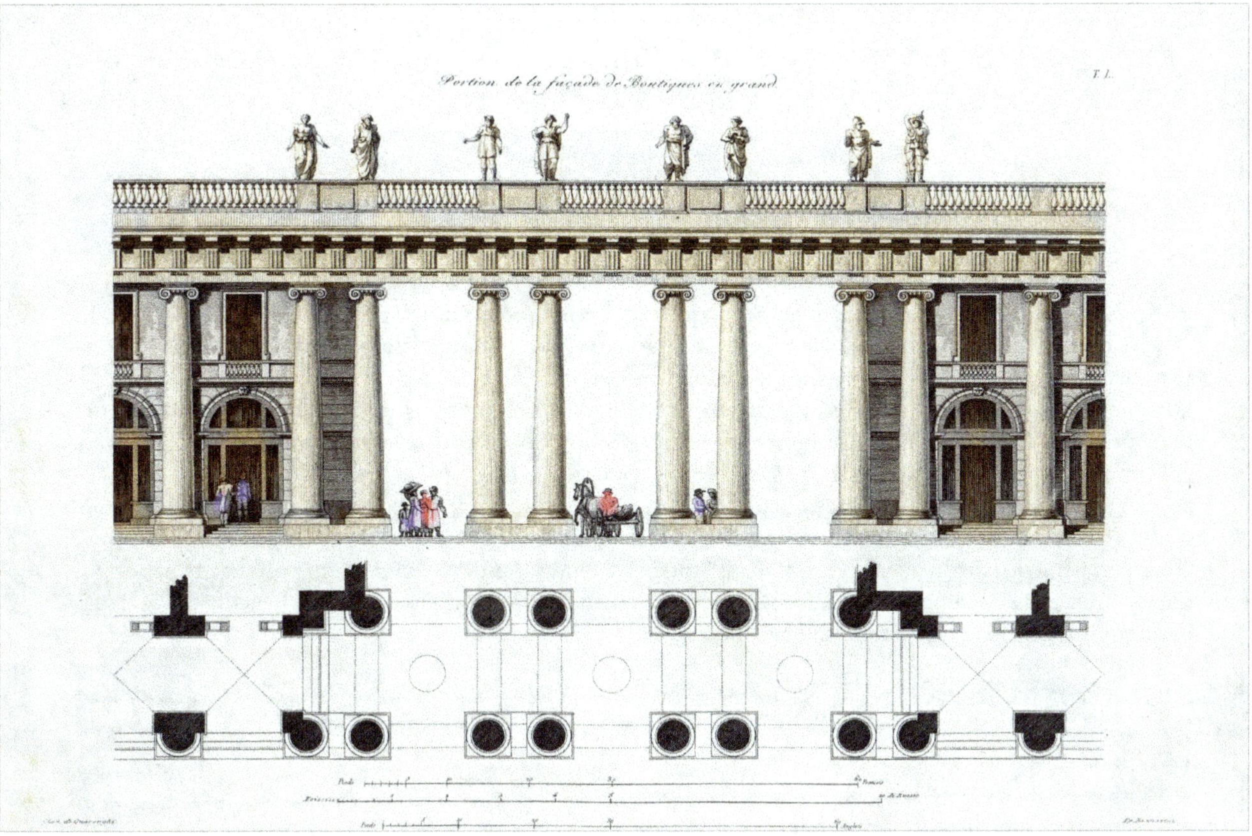

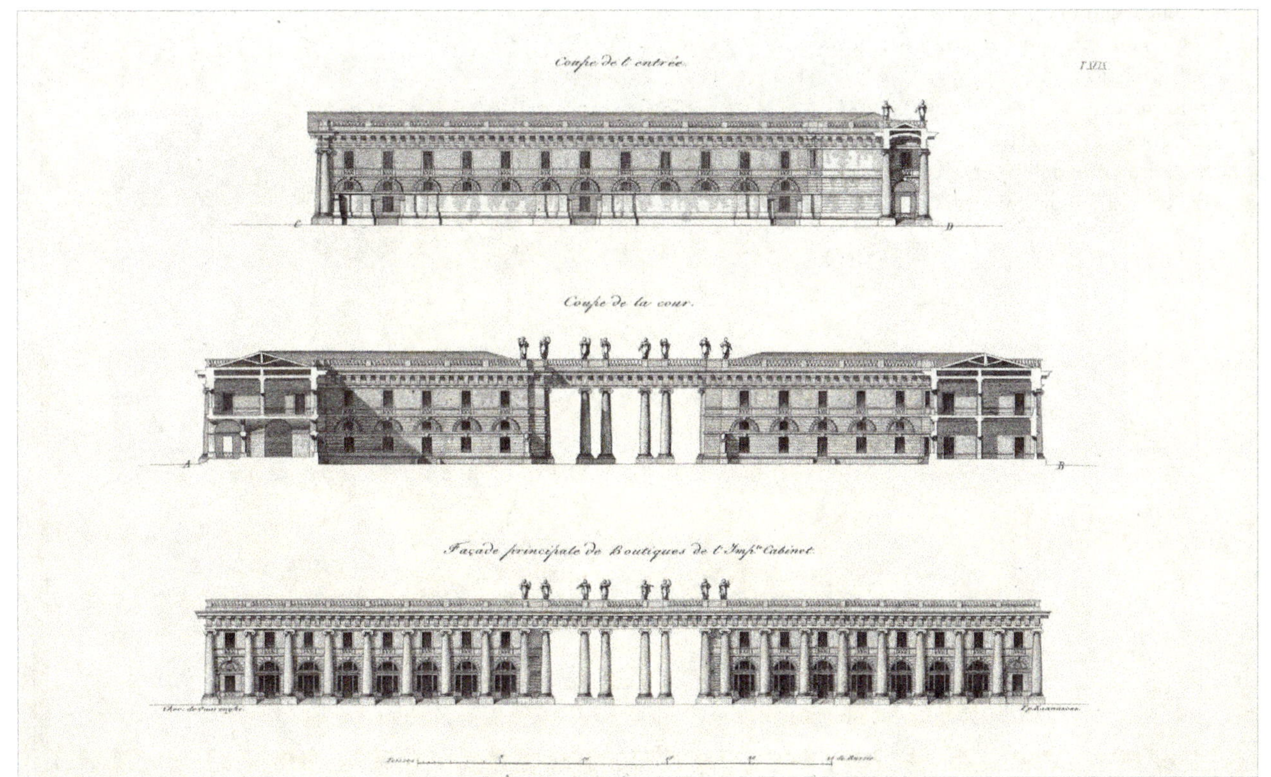

Portion de la façade de Boutiques en grand
T. L.
Coupe de l'entrée
T. LIX.
Coupe de la cour.
Façade principale de Boutiques de l'Impie. Cabinet.

Tav. e LI LII.

Questo vasto edificio, capace di dugento cinquanta infermi, provveduti di tutto il bisognevole ed assistiti con grandissima pulitezza ed amore fino alla perfetta loro guarigione, fu per ordine di S. M. l'Imperatrice madre innalzato nel sito in cui Pietro il grande aveva il suo favorito giardino all' italiana.
Oltre le sale destinate agli infermi intrattenuti nell'ospitale, vi si trovano separati locali per la medicatura delle persone d'ambo i sessi, che si presentano ogni giorno per poi ritornare alle proprie case dopo avere gratuitamente ricevute le medicine ed i sussidi d' ogni maniera convenienti allo stato loro.
Ai due opposti lati dell' edificio trovasi collocati con savio accorgimento, a qualche distanza dal medesimo, le abitazioni dell'ispettore e del sacerdote e quelle dei chirurgi.
S. M. l' Imperatrice madre, beneficentissima istitutrice d' ogni sorta di stabilimenti di pubblica beneficenza, onora sovente della sua presenza quest' asilo di carità, ed alla sua partenza la seguono le benedizioni ed i voti di quegli infelici che trovano tanti sollievi alle loro infermità,

SPIEGAZIONE DELLA PIANTA.

1. Vestibolo.
3. Scalone.
3. Camere per la medicatura degli uomini.
4. Sale e camere per gli infermi.
5. Camere per la medicatura delle donne.
6. Portinaio.
7. Farmacia.
8. Chiesa.
a. Abitazione dell'ispettore e del sacerdote
b. Abitazione de' chirurgi.

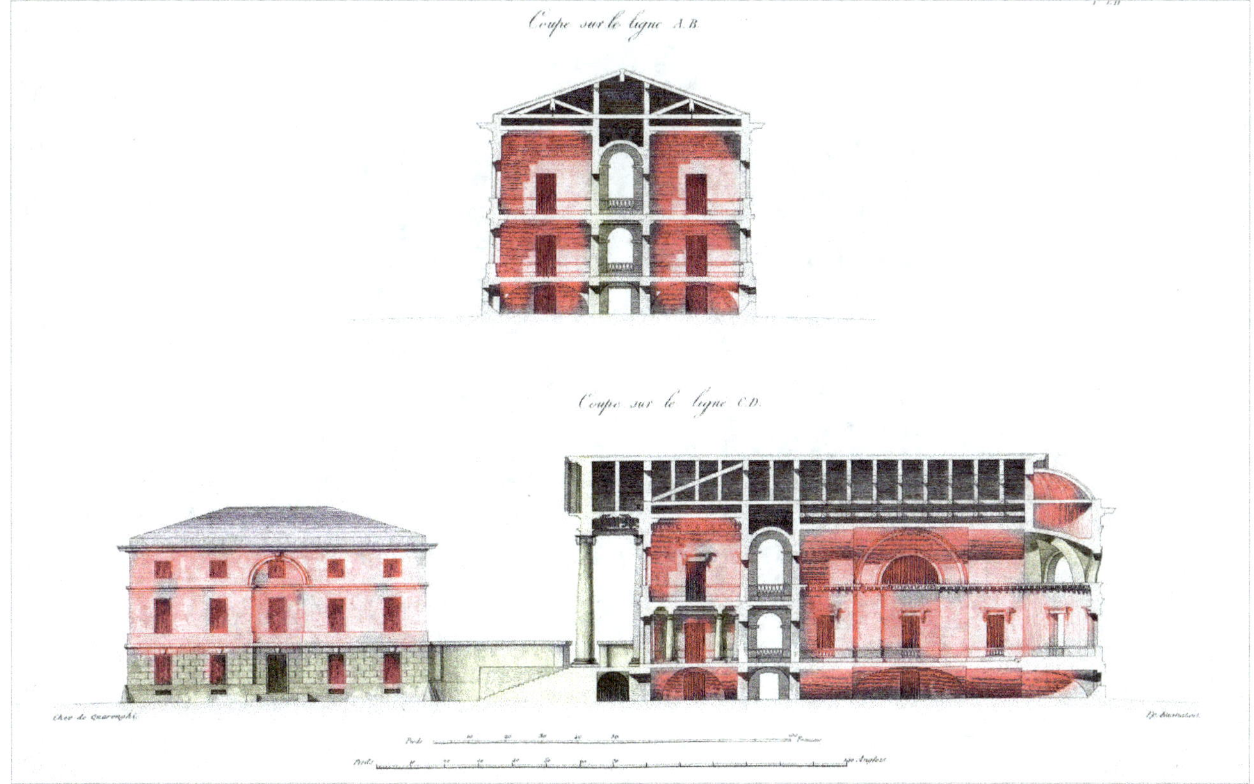

Plan et Façade de l'Hopital de la Litaine

T. LI.

Coupe sur le ligne A.B

Coupe sur le ligne C.D.

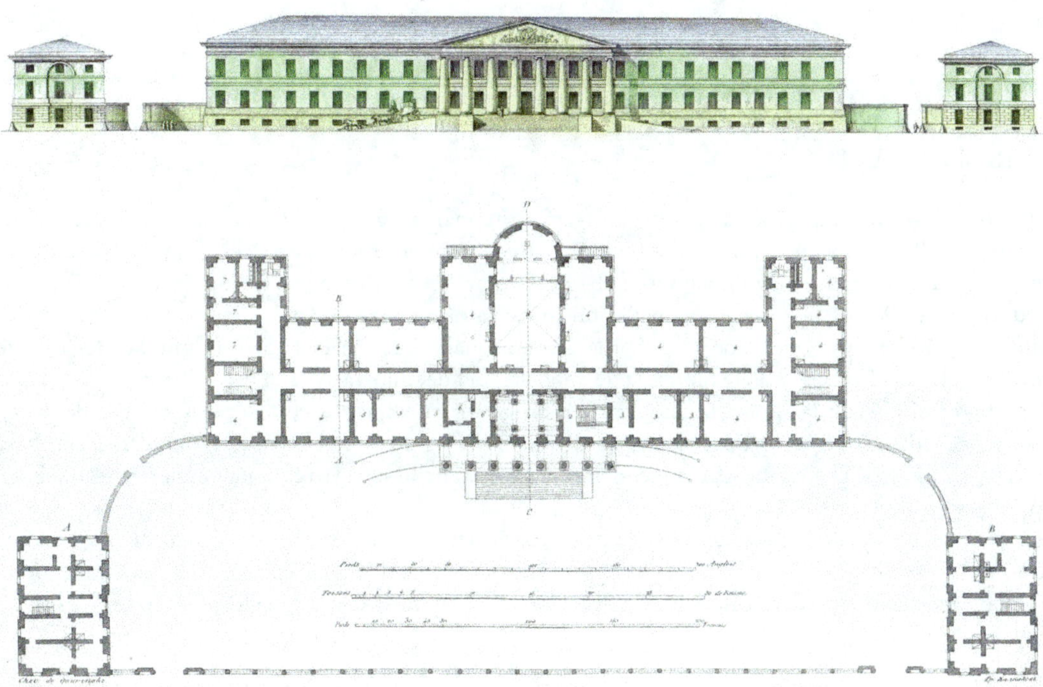

Tav. e LII. LIV, LV, LVI

Dopo una gloriosa campagna, tornando il vittorioso monarca nella moderna capitale del suo impero, alla testa dell' armata russa, gli si apparecchiò un arco trionfale, e sulle rive del Neva si vide sorgere per la prima volta una di quelle magnifiche moli, che dopo tanti secoli ricordano tuttora in riva al Tevere gli splendidi trionfi de' Vespasiani, dei Titi, dei Costantini, e l'alta potenza di Roma.

Presentò il Quarenghi per quest'opera due progetti, nei quali si tenne egualmente lontano dalla servile imitazione degli antichi archi e dalle bizzarrie de' moderni del decimottavo e del precedente secolo.

Più magnifico e di più solida apparenza era il primo progetto, d'ordine dorico; ma per l'angustia del tempo si eseguì il secondo, d'ordine corinzio, ritenuto di più facile esecuzione. Nell'uno e nell'altro l'architetto conservò il proprio stile che i conoscitori facilmente ravvisano nelle sue opere di qualunque natura, sebbene di disparatissimo argomento.

Nemico del fasto e della vana ostentazione e di tutto ciò che non ridonda a vantaggio de' suoi sudditi, l'imperatore Alessandro non aggradì questa solenne testimonianza dell'ammirazione e dell'amore del popolo, che per onorare le valorose falangi che sotto le di lui bandiere avevano con tanta gloria militato.

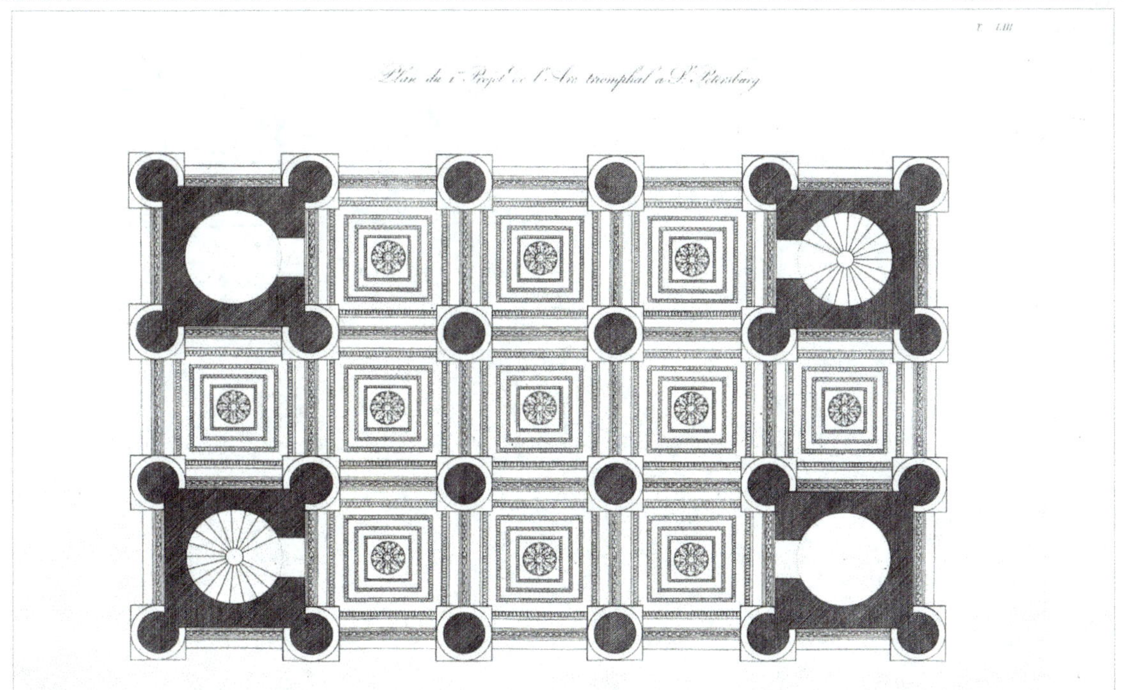

Façade du 1er Projet de l'Arc triomphal a St. Petersburg
P. LIV.
Plan du 1er Projet de l'Arc triomphal a St. Petersburg
P. LIII.

Tav. e LVII, LVIII

Non molto estesa , e circoscritta da irregolari confini era la superficie in cui voleva il conte di Sceremetoff fabbricare un palazzo conveniente all'elevata sua condizione ed alle sue ricchezze; nel quale , oltre i signorili appartamenti e quant'altro si richiede al comodo ed ai servigi di nobilissima famiglia, dovevano esservi un teatro ed un giardino all' inglese. Approfittando l'architetto del lato meno irregolare, vi collocò la facciata esterna, cui, non potendo dare un' estensione in retta linea, capace di magnifico appartamento, aggiunse ai lati due ale che si avanzano in eguale lunghezza quanto lo permetteva il limitato terreno. E perché la facciata di mezzo è arricchita di magnifico vestibolo sostenuto da otto colonne, diede alle teste delle ali simili vestiboli, sebbene alquanto minori. Si valse inoltre di una lingua di terra che allargavasi alla destra del palazzo per collocarvi il teatro fatto in forma di arena, che sebbene abbia comunicazione colla casa, ne resta come separato, e la rende più sicura in caso d' incendio. L'andamento de' tortuosi sentieri e de' boschetti qua e là sparsi nel giardino inglese, ornato pure di un laghetto e di un tempietto nell'acuta estremità della superficie, tutta coprono l'irregolarità.

SPIEGAZIONE DELLA PIANTA.

1. Scalone,
2. Grande vestibolo.
3. Prima anticamera.
4. Seconda.
5. Sala a colonne.
6. Gran sala da ballo.
7. Rotonda.
8. Sala pei banchetti,
9. Credenza.
10. Chiesa.
11. Scala privata.
12. Prima anticamera.
13. Seconda.
14. Camera d'udienza.
15. Sala ordinaria pel pranzo,
16. Sala pei camerieri.
17. Gabinetto.
18. Camera da Ietto,
19. Toeletta.
20. Bagno.
21. Guardaroba.
22. Sala d'ingresso al teatro.
23. Teatro.
24. Camerini per gli attori e
25. Giardino.
26. Tempietto,

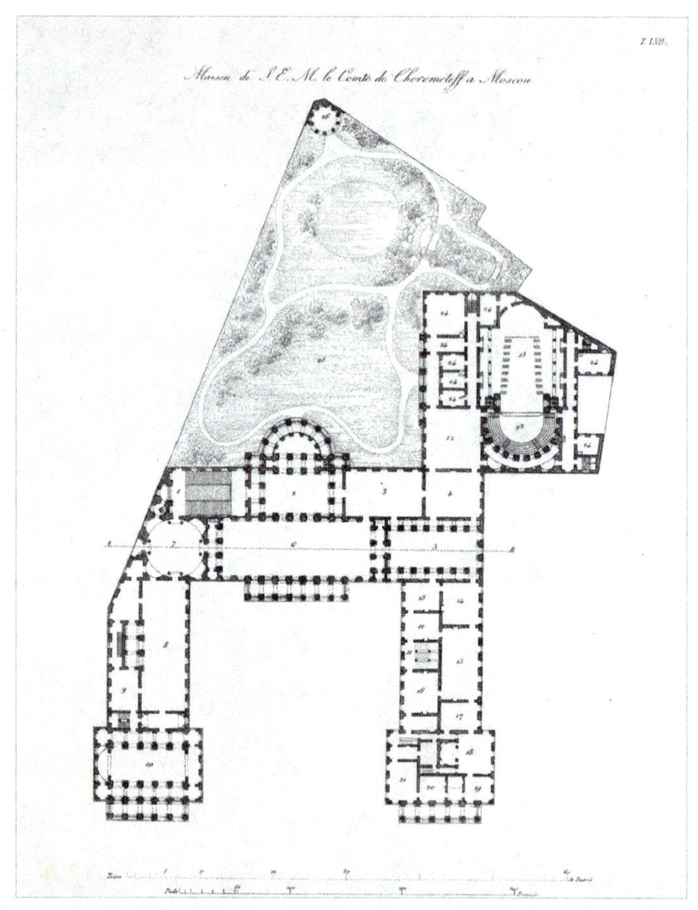

Coupe sur la ligne A.B.

Façade

Toises
Pieds
Pieds

Tav. e LIX

Per dare un saggio di un singolare genere di edifici destinati a rappresentare ne' moderni signorili giardini rottami di antiche fabbriche, offro la pianta e l'alzata di un avanzo di nobile edificio che non ricorda, come si pratica dai più, qualche barbaro avanzo del regime feudale di gotica architettura, ma lo squisito gusto de' migliori tempi greci e romani.
La presente tavola è una delle pochissime cose per semplice intrattenimento dall' autore intagliata , e sotto questo riguardo da giudicarsi come lavoro di un dilettante.

Quarenghi non dimenticò mai il suo innato amore per la pittura (e anche per la musica peraltro), e realizzò nell'ambito della sua lunga carriera numerosissimi schizzi ed acquarelli, non solo per illustrare e abbellire i suoi progetti, ma anche fini a se stessi come questo paesaggio campestre con rovine vicino ad un ponte recentemente venduto in una asta inglese.

This Print engraved by the Chevalier de Quarenghi is dedicated as a mark of respect and attachement
To the Marchioness Eufrasie de Boisseson
by her obliged and devoted Servant

Tav. I. II. III. IV. V (inizio del secondo volume)

Il primo grandioso lavoro, che Caterina commise al Quarenghi appena l'ebbe chiamato a Pietroburgo ci fu quello della Banca pubblica che noi diremmo il Monte dello Stato. Collocato in uno dei migliori quartieri della città, lungo la via detta Sadovia, questo monumento d' impianto semplicissimo e regolare, ed insieme abbellito dalle veneri dell'arte, forma nobilissimo ornamento di quella Capitale.

Campeggia egli entro un'area recinta da un fabbricato più basso, che girandogli a tergo semicircolarmente gli serve di magnifico sfondo. Una cancellata di ferro con due massicci pilastroni nel mezzo lo racchiude elegantemente sul davanti senza impedirne la visuale, e due portici l'un per lato a quattro file di colonne cadauno, e superiore terrazzo a balaustri servono di comunicazione coperta fra il corpo principale, stanze de' sovrintendenti, ed il circondante fabbricato dove sono collocati gli uffici minori.

Felicissimo e veramente Palladiano è il concetto in cui domina, oltre un atrio tetrastilo magnifico, lo scalone a tre rampe che serve a due piani, ed è da notarsi il disimpegno della corritoia intermedia al fabbricato minore. È pure affatto Palladiana la decorazione esterna; e l'ordine dorico alle testate del recinto con grazioso vestibolo intermedio, alla cancellata ed al portico è tanto giudiziosamente applicato al soggetto, quanto l'ordine corinzio al grandioso loggiato superiore del corpo principale. Armoniche sono in genere le proporzioni, corrette le linee, le modanature foggiate sulla classica antichità con quella franchezza e quell'effetto che il Quarenghi sapeva solo indovinare e raggiungere; per cui non è a stupire della fama e del favore in breve tempo acquistatosi presso quella munifica Corte, se con cos'i bello edificio seppe preludere la sua carriera.

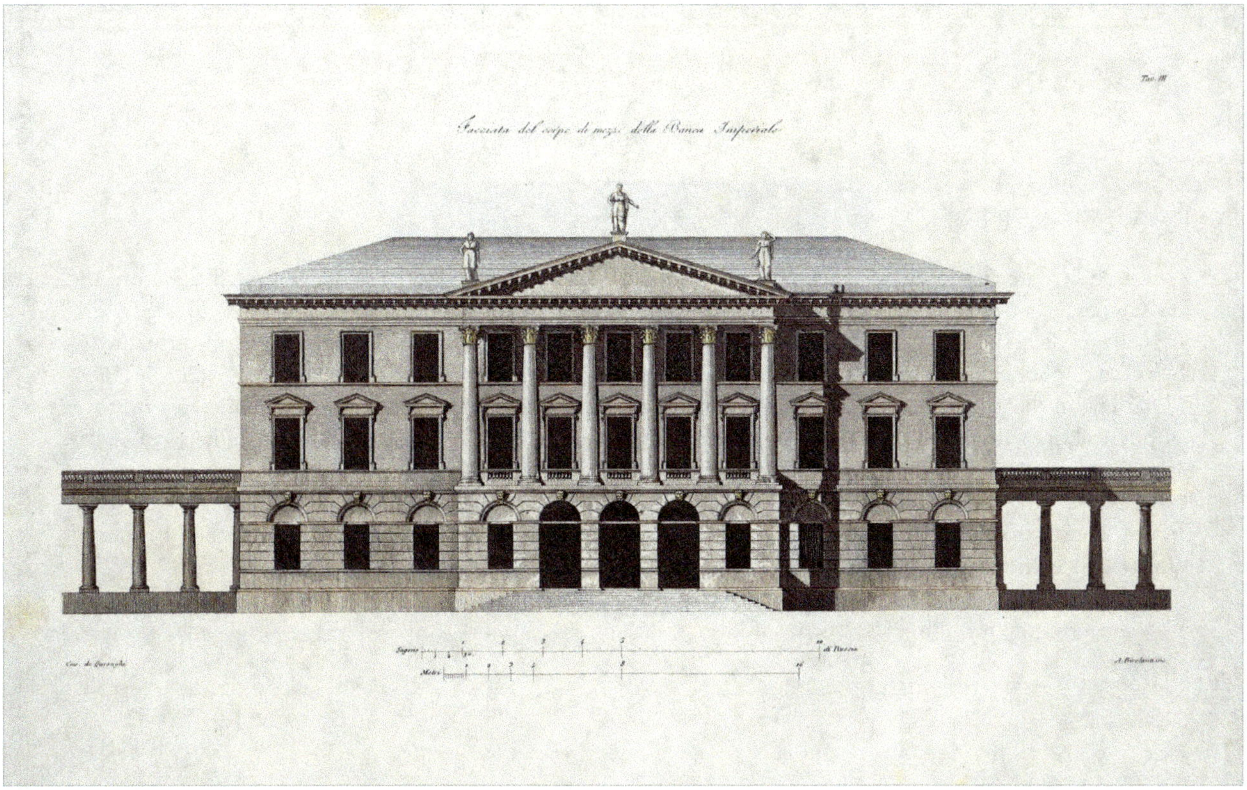

Tav. III
Facciata del corpo di mezzo della Banca Imperiale
Cav. de Quarenghi 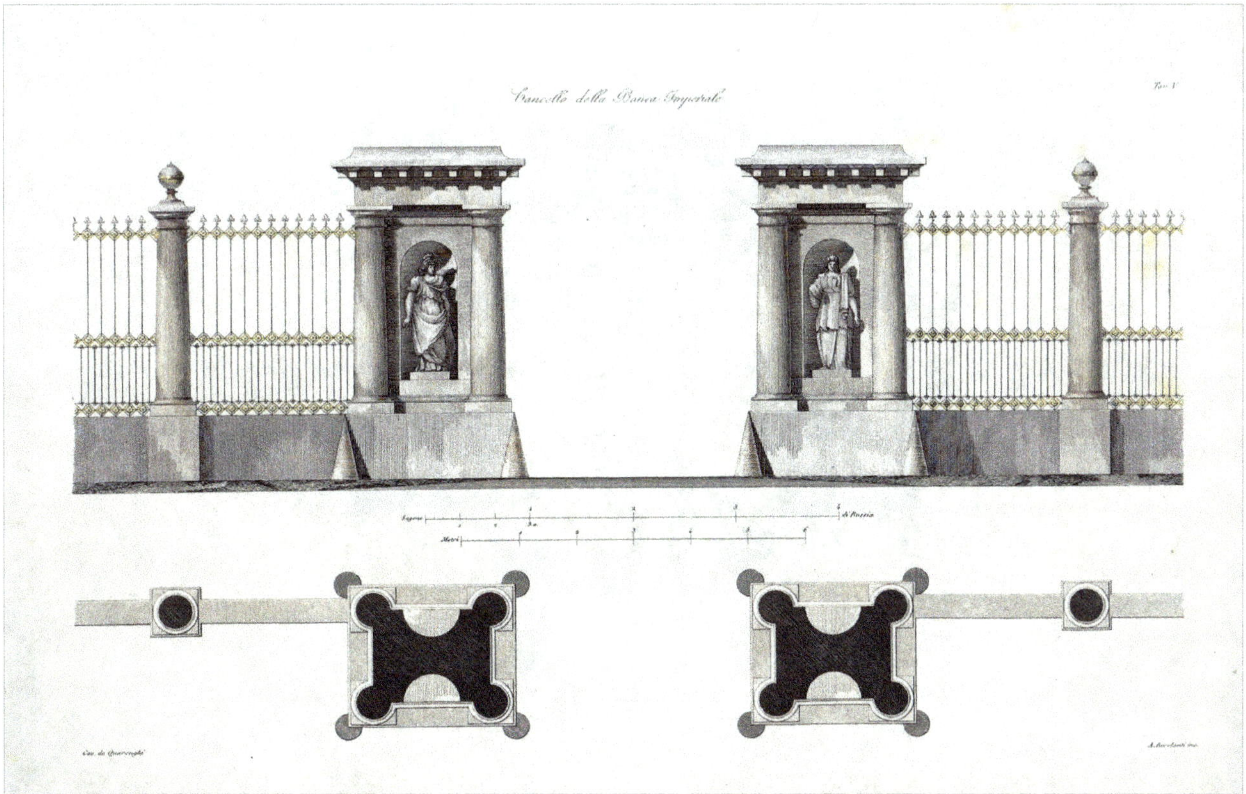
A. Bernardini inc.

Tav. V
Cancello della Banca Imperiale
Cav. de Quarenghi
A. Bernardini inc.

Tav. VI. VII. VIII. IX. X. XI

La grande Caterina, occupata dall'abbellimento, anzi della creazione della favorita sua villeggiatura di Zarcoeselo, a poche miglia da Pietroburgo, co' suoi molti giardini e col grandioso suo parco, eresse fra gli altri villaggi delle sue dipendenze un piccolo borgo che chiamò Sofia, sopra pianta regolare con tutte quelle comodità di pubblici edifici, che nella sua misurata estensione si convenivano.

Il Quarenghi, che probabilmente ebbe parte nella sua fondazione, disegnò vari progetti di chiese ed oratorj per questo borgo, uno de' quali venne infatti eseguito. Fra i molti che lasciò in portafoglio, se ne sono scelti due per indicare il modo nuovo, semplice ed armonico, onde il nostro architetto svolse il bel tema.

Rappresenta l'uno un ottagono con quattro pronai a modo Palladiano, l'altro una piccola croce greca con abside e quattro torri angolari. Una sempre e giudiziosa è la composizione, gradevoli le proporzioni e sicuro l'effetto dell' edificio architettonico dentro e fuori da qualunque parte risguardar si voglia.

Tav. VII
Cav. de Quarenghi
G. Bassaglia inc.

Tav. XI
Cav. de Quarenghi
G. Bassaglia inc.

Tav. XII. XIII. XIV. XV. XVI.

Il grandioso progetto espresso nelle enunciate tavole doveva eseguirsi a Ponlkouva sulla strada di Pietroburgo a Zarcoselo nel sito ove già esisteva un luogo di osservazione e di telegrafo. Squisita è l'invenzione della pianta, e di grande effetto la elevazione. Una massiccia torre ottangolare sorge nel mezzo a tre piani coperta di cupola, ed innalzandosi sopra i laterali edifizj permette per otto fori l'affacciarsi degli istrumenti a contemplare il firmamento. Robustissima per solidità di muri è la parte destinata alle osservazioni, perchè il meno possibile abbia a risentire delle eventuali oscillazioni del suolo. A questo fine sorgono anzi sovra enormi massi isolati le basi su cui posano i più delicati istrumenti per preservarli ancor più da ogni influenza di movimenti esterni. Le cupolettc minori girevoli permettono per apposite fessure le osservazioni zenitali, osservazioni a cui giova mirabilmente nei molli giorni sereni di quel paese l'esterno loggiato opportunamente introdottovi. Severo e sodo è lo stile dell'edificio; ma non tale da escludere affatto le grazie dell' arte, le quali non trascurava mai il Quarenghi, ben conoscendo che non raggiunge lo scopo per intero quell' architetto che spregiando il bello non mira che al solo utile. Taluno accuserà forse di licenza quelle bugne quadre introdotte nella metà inferiore delle colonne dell'ottagono, tal altro troverà piccolo e discordante l'ordine jonico che decora il vestibolo a petto del dorico della torre. Ma chi vede nell'arte con occhio grande apprezzerà all' incontro l'effetto di robustezza che la prima licenza dona all'edificio, e rifletterà che tanta è la distanza del vestibolo dalla torre da non vedere il confronto di due ordini che nel disegno, e loderà il primo come in tutta proporzione coll'edificio più umile, ed il secondo invece come addicentc al grandioso masso a cui è appoggiato. Serve il fabbricato più basso per accesso al principale e per alloggio e studio dei professori e del custode, il principale alle scuole ed alla custodia degli istrumenti.

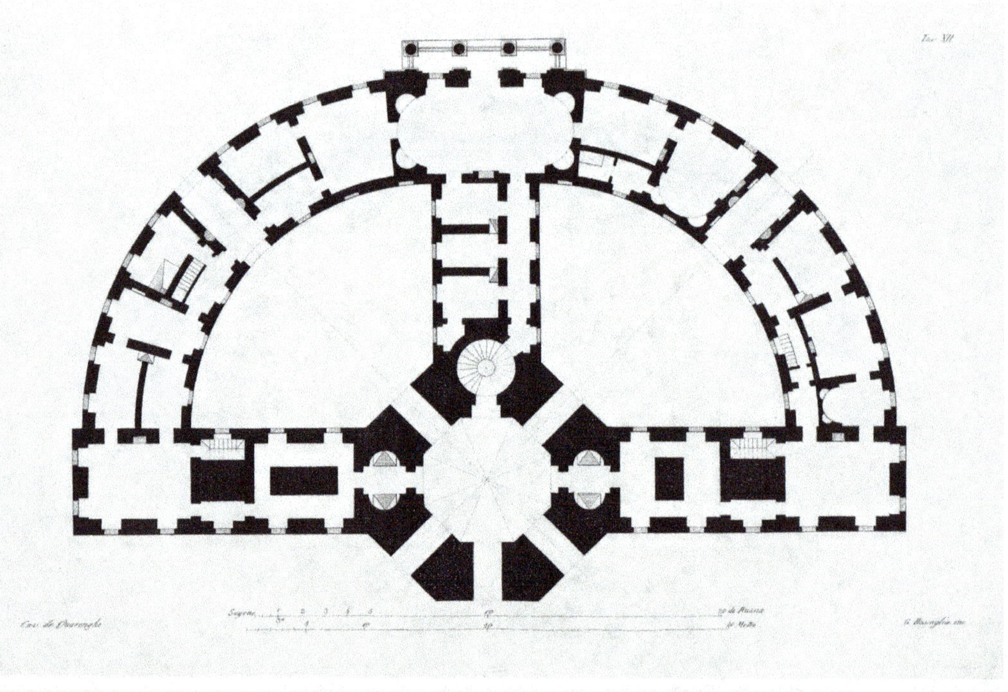

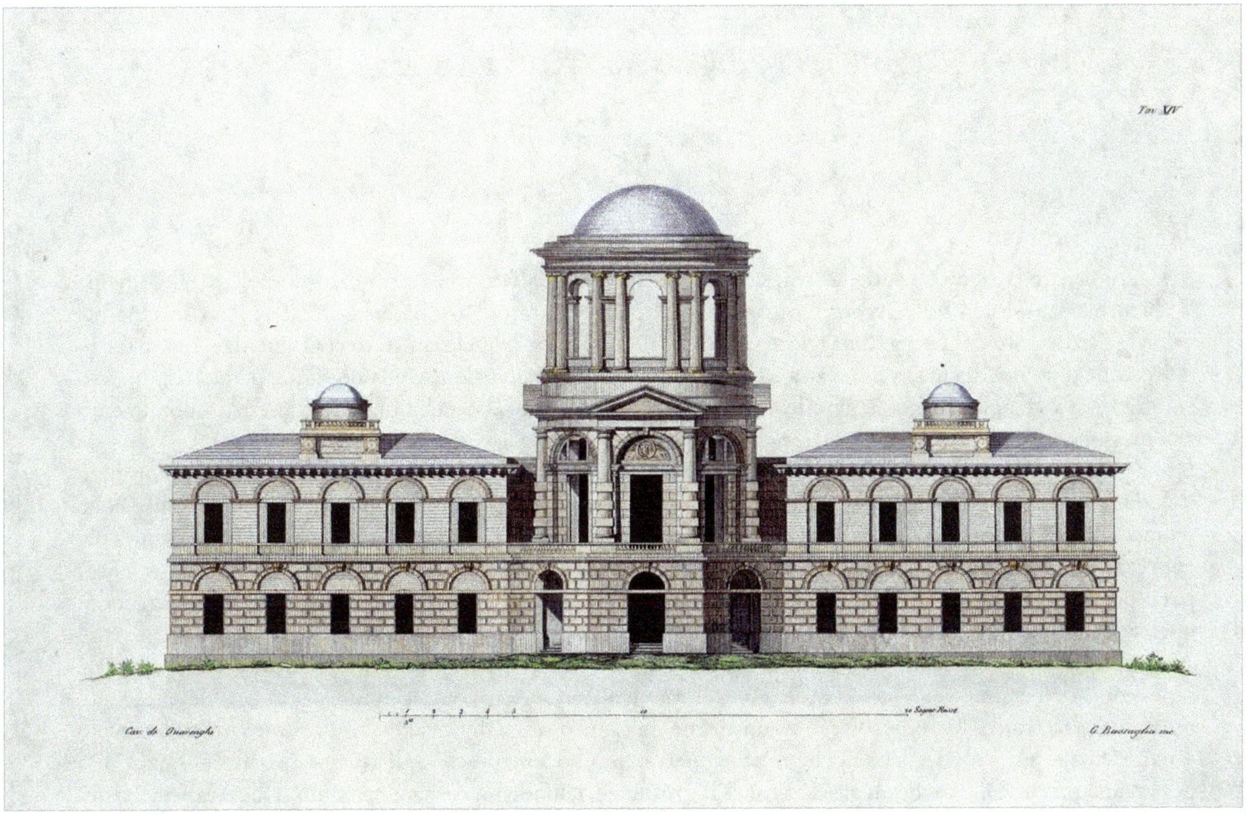

Tav. XIV

Cav. de Quarenghi
G. Bassaglia inc.
Tav. XVI
Cav. de Quarenghi
G. Bassaglia inc.

Tav. XVII.

Ad eternare la ricordanza della famosa vittoria riportata dalla flotta Russa diretta da S. M. il Principe di Nassau Siegen sulla svedese comandata dal primo ammiraglio Elierensward d 15 Agosto 1789 pel valore e l'ardimento del General maggiore Cavaliere Giulio Litta, il quale era stato concesso dal gran maestro dell'ordine di Malta di cui era Balio a capo direttore delle Imperiali galere, e ella ne venne perciò rimunerato col grado di vice-ammiraglio, la grande Caterina decretò si innalzasse nella pianura di Pella il monumento che produciamo con disegno del Quarenghi.

È una grande colonna rostrale a modo antico sorretta sopra bel piedestallo con quattro bassorilievi coronato da aquile e festoni a somiglianza della Trajana, dal cui vertice sta per ispiccarsi una Vittoria alata colla palma del trionfo da una mano, ed una corona di quercia dell'altra da cingerne il vincitore. L'opportunità del concetto, le bello proporzioni dell'assieme, e l'espressione d'ogni sua parte fanno di questo uno de' migliori parti del suo ingegno, come è uno de' più interessanti monumenti alla storia delle Russie che abbattuta in quella circostanza la potenza rivale cominciò una nuova era di grandezza e di forza.

A questo luogo io bramerei che disdetto non mi fosse l'aggiungere a sublimi rimembranze i particolari sentimenti dell' animo mio verso l'Eroe, a cui il mio genitore per sovrano cenno erigeva con devoto cuore un sì meritato trofeo. Imperoccbè egli non isdegnò da tanta altezza di dovizie e d'onori piegare un benevolo sguardo anche su la modesta culla che m'accoglieva bambino sotto il cielo di Russia e stringersi quasi mio per arcana parentela, levandomi al sacro fonte battesimale. Laonde mi torna gratissimo tributargli anche qui pubblicamente l'omaggio della mia più sincera ed ossequiosa riconoscenza per un sì distinto tratto di quella nobile ed amabile cortesia, che ereditata dagl'Incliti Nepoti il Duca Antonio e Conte Giulio, contiuua ad essere tutt'ora uno de' più bei pregi di quella distinta famiglia.

Sagene
di Russia
Metri

Tav. XVIII, XIX, XX, XXI

Il Principe Insupoff volendo ampliare ed abbellire il grandioso suo palazzo ne affidò l'impresa al nostro Quarenghi. Nella pianta son distinte colla tinta affatto nera le parti esistenti e con quella di minor forza le aggiunte. Lo studioso rileverà qual partito felice egli abbia saputo cavare dalla vecchia ossatura d'altronde abbastanza regolare, e quanta vaghezza e varietà di ornamenti e quante comodità di locali vi abbia procurato ed aggiunto; sicchè ne sia riuscito un palazzone veramente Principesco e tale di aver pochi eguali nè in ampiezza nè in maestà nè in abbondanza di servigi. Un imbasamento che nella sua altezza comprende un piano, nel mentre serve ad elevare il corpo, principale del caseggiato ed a rendere più salubre il piano nobile, accoglie tutti i locali di basso servigio quali le cucine, le dispense e quant'altro occorre all'azienda di una grande famiglia. Il piano nobile è abbellito da un lato con una loggia di sei colonne joniche, e dall' altro da due laterali passaggi con cinque intercolonne simili, e comprende nelle sue elevazioni anche l'altezza di un ammezzato che non ricorre però che sopra gli ambienti minori, lasciando il massimo sfogo alle pezze principali. Egli serve alle rappresentanze con sale da ballo, di conversazione, di concerti, con oratorio , cavallerizza ecc., non avendo che un appartamento solo pel Principe; il resto della famiglia gode il piano superiore che ergesi sul solo capo principale e determina altri minori alloggi abbelliti d'ambo le facciate da loggie scoperte. Non artifici lambicanti, non isfarzo di lesene e colonne appicciate per forza fan belli questi prospetti, ma la unità del pensiero, la quiete delle linee e la movenza ragionata de' piani principali.

Così mentre la fascia superiore del pian terreno forma distacco dallo stesso al piano nobile, fa coronamento allo spalto anteriore; la linea de' parapetti seguita a far linea de' balaustri che difendono il medesimo spalto: la cornice de' casini laterali più bassi forma fascia di divisione e di ornamento del piano nobile; la cornice de' corpi laterali col superiore suo attico nel corpo di mezzo distingue i due piani principali e il tutto corona un maestoso cornicione completo a mensole giranti anche ne' frontispizj. Ma se ammiriamo il magistero nel corpo del palazzo non trascuriamo di portare la nostra attenzione sulle parti secondarie e massime sul gran cortile semicircolare che svolgesi a guisa d'anfiteatro nella parte posteriore, e corregge il difetto di regolarità dell'arca, e notiamo il modo nuovo ed elegante di formazione ad archi con piccoli corpi avanzati e fatti belli di bassorilievi e nicchie con statue, e dal cornicione dorico supcriore, e l'arte di avervi esclusa ogni finestra verso l' interno onde i famigli non d'esser soggezione alla corte Principesca.

Cav. de Quarenghi
G. Braga inc.

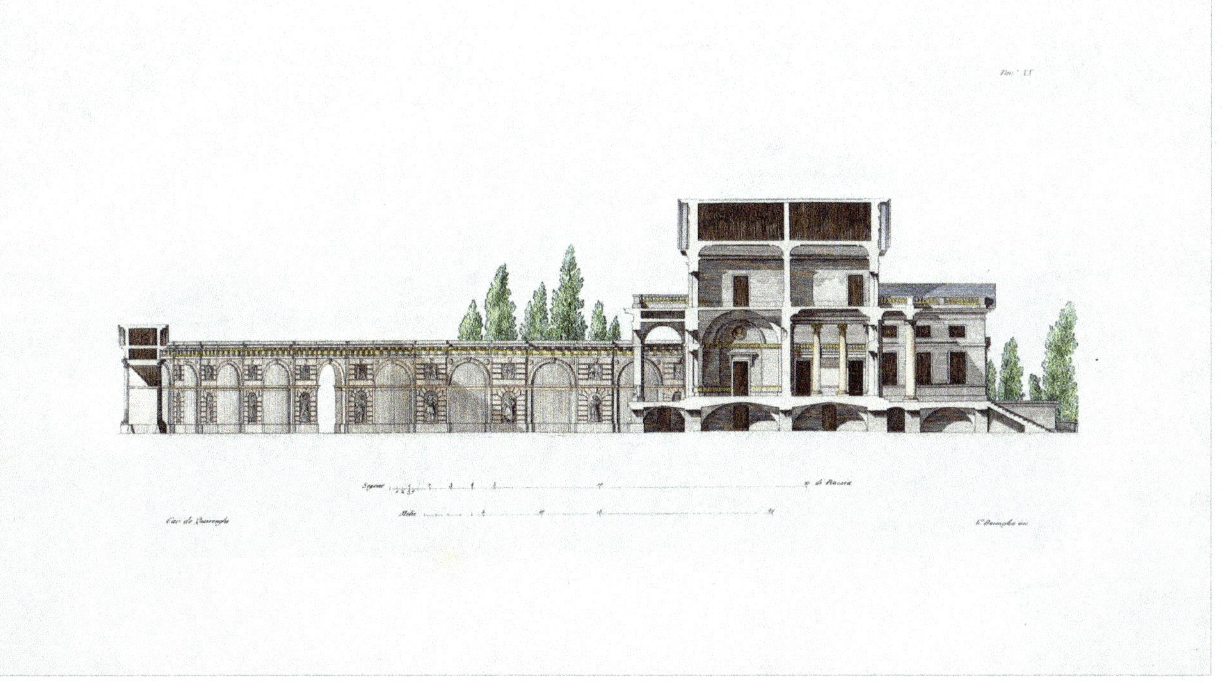

Cav. de Quarenghi
G. Quarenghi inc.

Tav. XXII, XXIII, XXIV

Intenti gli autocrati delle Russie ad abbellire la capitale del loro vastissimo impero, che più d'ogni altro ricorda le grandezze Romane; nell'erezione che si andava facendo de' fondaci prossimi al porto a spese dello Stato, pensarono ad abbellirli architettonicamente. Molti disegni somministrò il Quarenghi a questo scopo, alcuni de' quali vennero eseguiti a Wasiliostroff al di là della Neva dietro la Borsa; e noi ne abbiamo scelti tre di genere fra loro dissimili, e tanto più volentieri in quanto che simili concetti trovano tuttodì applicazioni nelle nostre città.

L'uno (Tav. XXII.) ed è forse il più magnifico, presenta un grande colonnato corintio che decorando due piani racchiude nell'inferiore un bel portico ad arcate con posteriori botteghe, ed un nobile piano nel superiore. Abbastanza non si può ammirare l'armonia delle proporzioni delle colonne, degli intercolunni e della superiore trabeazione semplice sì ma opportunissima al soggetto e leggiera tanto da non raggiungere il quinto dell'altezza dell'ordine, onde non opprimere, ma star in bell'accordo colle più minute decorazioni inferiori degli archi e delle finestre.

Più libero è l'altro (Tav. XXIII.) a doppio ordine d'arcate, ma non manca di leggiadria e d'ampio sfogo di luce massime nel superior piano con quelle finestre all'uso veneziano tripartite da buone colonne ioniche. Cosi gli avancorpi rispondessero al resto nella bontà delle proporzioni!

Finalmente l'ultima (Tav. XXIV.) è una facciata applicata ad edificio di due piani oltre il terreno. Sodo, robusto e di eccellenti proporzioni è il terreno, e gli corrisponde generosamente la parte superiore, nella quale seguendo quanto operò il Bramante nella Cancelleria, ed il divin Raffaello ne' palazzi a S. Andrea in Roma, e Pandolfini in Firenze, adottò il binato nelle colonne per compiere meglio gli spazi e dare la necessaria apparente robustezza alla decorazione.

Tav. XXV, XXVI

Rappresentano le indicate tavole un casino di villeggiatura giusta le costumanze Russe, non so se eseguito, ed in qual parte. Due piccoli appartamenti terreni lo compongono, uniti fra loro con un salotto comune, e con un giardinetto chiuso a modo di serra. E questa la parte originale del disegno, e che m'indusse alla sua pubblicazione. Un'armatura di ferro serve a tenere una vetriata che lo racchiude per dinanzi, ed a sorreggere una tettoia piana che lo difende per di sopra, dove s' apre un ampio e grazioso padiglione per la state coperto di lamiera di metallo con parapetto a balaustri e tendaggio all'ingiro. Persin le due stufe che servono al riscaldamento del giardinetto concorrono co' loro fumaioli alla decorazione come vedesi nella Tav. XXVI.

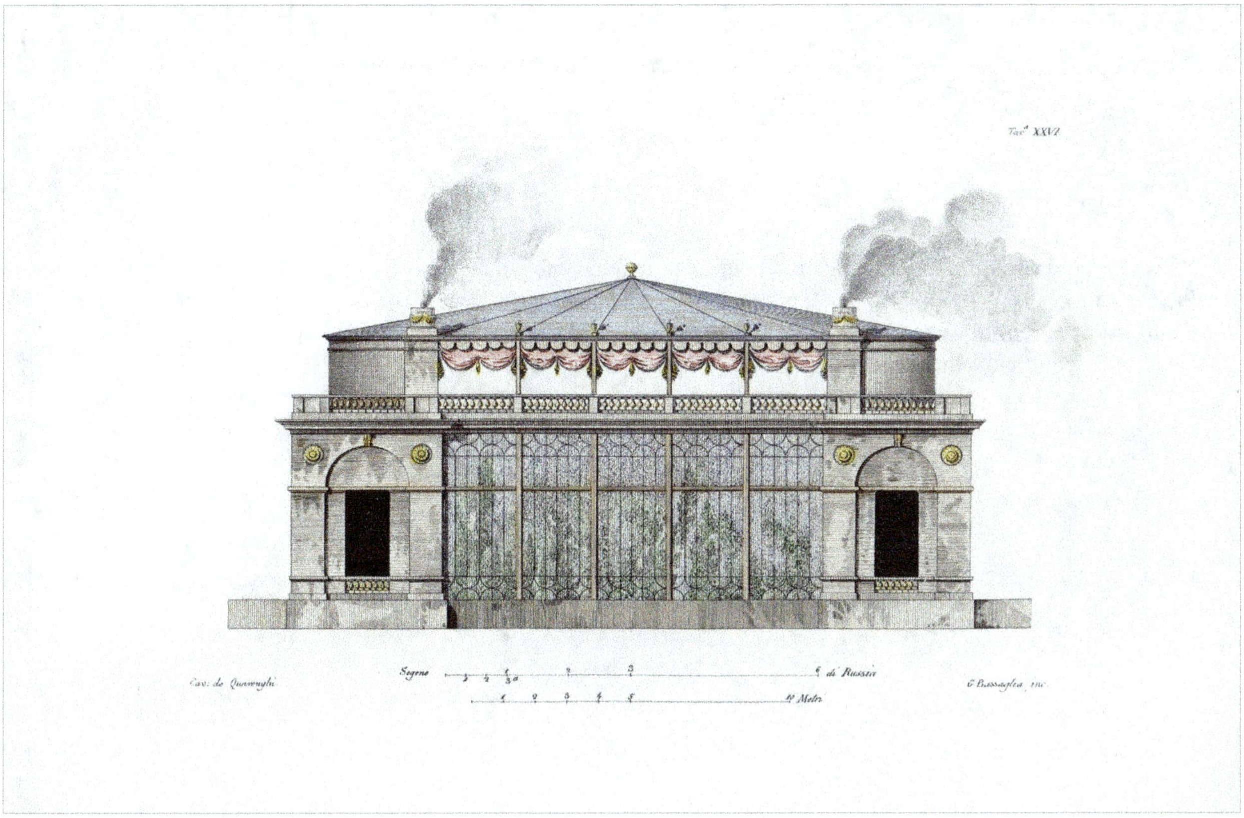

Tav.ᵃ XXVI

Cav: de Quarenghi
Segno
P.ᵈⁱ di Russia
Metri
G. Bassaglia inc.

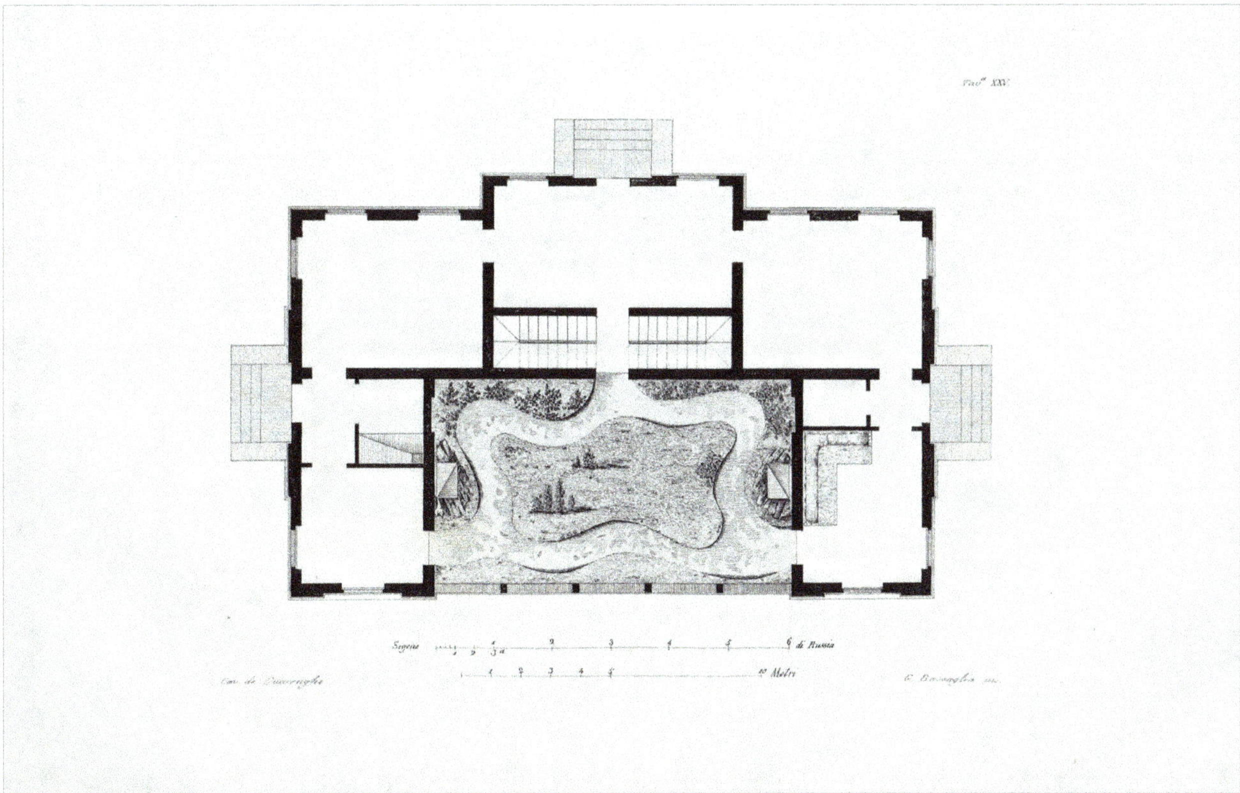

Tav.ᵃ XXV

Cav: de Quarenghi
Segno
P.ᵈⁱ di Russia
Metri
G. Bassaglia inc.

Tav. XXVII, XXVIII

Questo grazioso progetto fu eseguito a Paoloscki nell'Imperial villeggiatura per la pietà della imperatrice madre. È una chiesuola che serve pure a vestibolo, perché chi v'entra ricordi che la salute vien da Dio e da lui la impetri, e chi sorte ringrazii la religione delle consolazioni avute; e vi si staccano due ali laterali con isfogato corridoio intermedio, e dieci camere per gli infermi, da ogni lato.

Una scala guida ai sotterranei dove sono ricavati tutti i servigi relativi senza ingombro superiore. Affatto semplice è la decorazione delle ali, senza neppure le erte che formin contorno alle finestre. Solo un leggiadro ordine dorico distingue la parte intermedia destinata all'adorazione dell'Altissimo.

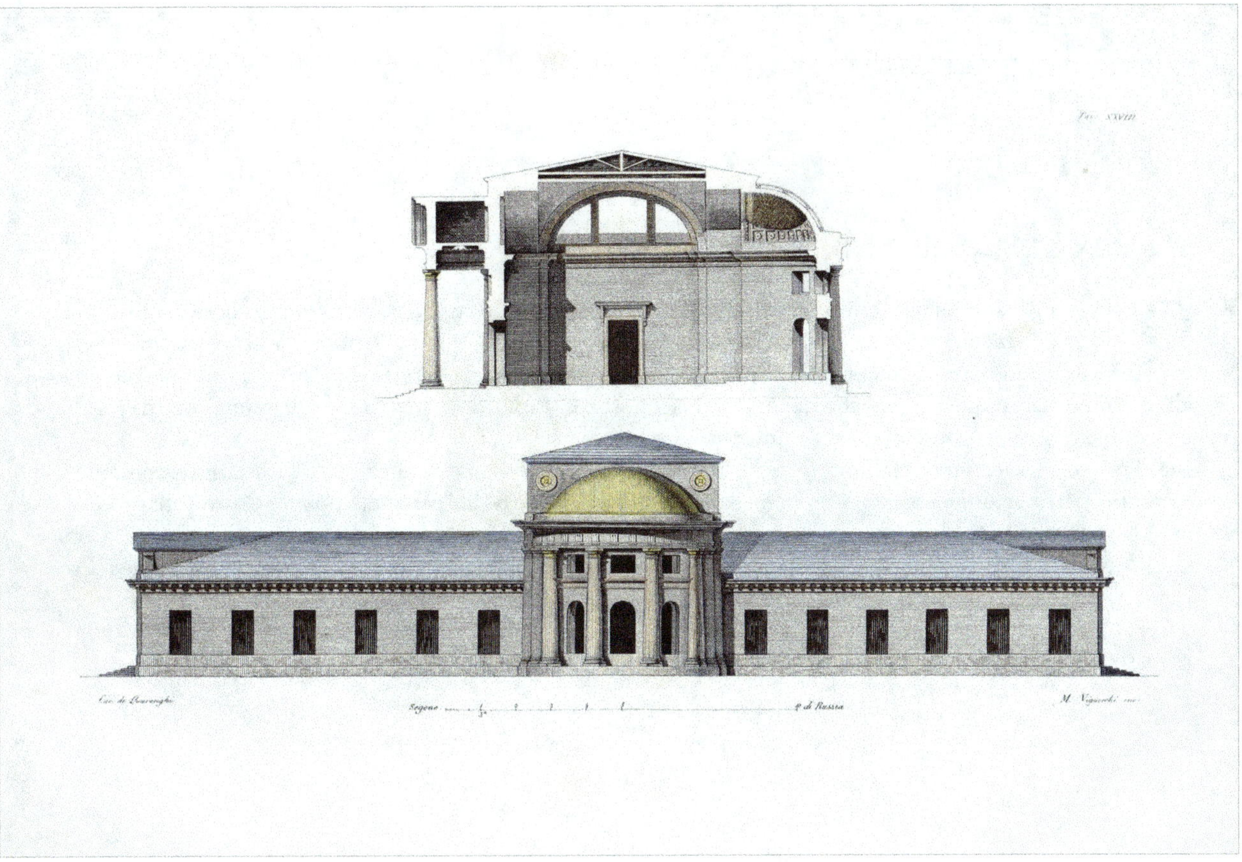

Tav.ª XXVIII
Cav. di Quarenghi
Segono ... P. di Russia
M. Vigorchi inc.

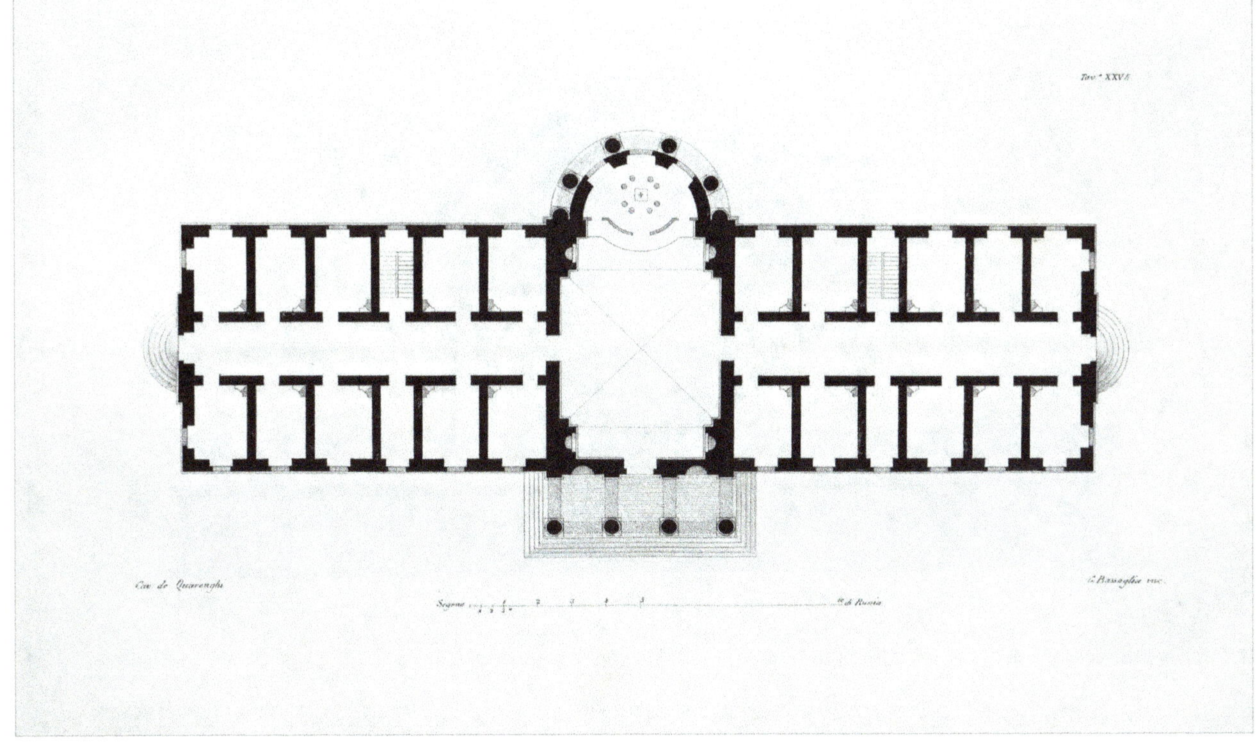

Tav.ª XXVI
Cav. di Quarenghi
Segono ... P. di Russia
G. Bataglia inc.

Tav. XXIX, XXX, XXXI, XXXII

Quando la Russia con quel eroico patriottismo che tutto il mondo conosce ed ha ammirato, riuscì a salvar l'indipendenza nazionale, e ad espellere l'aggressione francese tentata dall'ambizioso Napoleone nel 1812, pensava di eternarne la memoria con un monumento grandioso che servisse pur anco di ringraziamento all'Altissimo del sommo favore che dallo stesso riconosceva. Per ordine sovrano il Quarenghi ne ideava il concetto che viene rappresentato nelle unite quattro tavole.

Raffigura un gran tempio rotondo di oltre cinquanta metri di diametro esterno, cinto da intercolunnio di ventiquattro colonne corintie del diametro di m. 1. 30, coperto da immensa cupola a cassettonate, con un colossale vestibolo ottastilo anteriore ed altro posteriore chiuso pei servigi del culto e per l'alloggio de' sacerdoti, il quale sorgendo sopra alto basamento e collocato sopra un'area sgombra ed elevata formar doveva l'ammirazione del mondo. Il sacrario od *iconistas* separato da tribune sta nella parte posteriore, e la luce vi viene spiegata da un grandioso occhio ricavato nella cupola a modo antico. Peccato, che questo concetto sia rimasto ineseguito, e sia così stata privata l'arte di sì bel monumento, e la Russia d'un nuovo titolo di gloria!

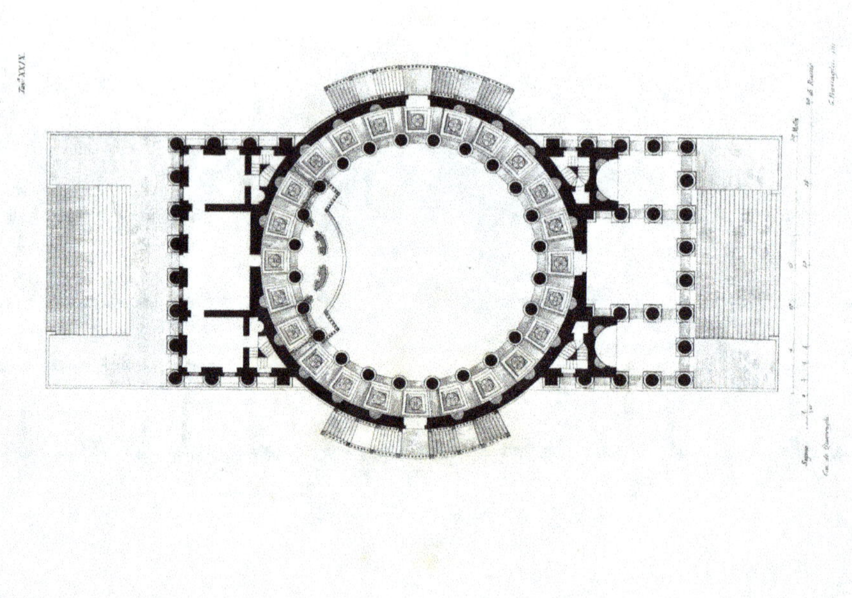

Segnate
Metri
Russe
Cav. de Quarenghi
G. Bassaglia inc.

Segnate
di Russe
Cav. de Quarenghi
Metri
Bassaglia inc.

Tav. XXXIII, XXXIV, XXXV, XXXVI, XXXVII

La prima tavola rappresenta il ponte di ferro eseguito a Zarcoselo, celebrato nella storia dell'arto moderna per essere stato de' primi costrutti in quel metallo, e che suggerì indi il pensiero al ponte delle Arti ed a quello del Carosello a tubi eseguiti in Parigi, coi quali se non contende nelle dimensioni essendo quel di Quarenghi di piccola corda ed adatto solo al passo de' pedoni e de' piccoli carri, può però contendere in vaghezza di proporzioni ed in eleganza di parti.

Per la stessa villa di Zarcoselo è stato progettato l'altro ponte espresso nella tavola XXXIV, la cui parte intermedia in legno può aprirsi a modo di levatolo pel passo delle barche maggiori nel sottoposto canale. Noi lo riproduciamo con tutti gli accessori dell'originale disegno per indicare il modo franco e pittoresco con cui il grande architetto abbozzava i suoi componimenti; nè ci estenderemo a magnificare la forma elegante delle colonne di ghisa che formano ornamento caratteristico e servono a nascondere il meccanismo per l'avvolgimento delle catene, ed a reggere quattro graziosi fanali; né l'appropriata decorazione de' rostri alle pile, bastando l'ispezione della tavola a suggerirli a chiunque abbia occhio educato al bello dell'arte.

Il ponte coperto, che forma soggetto delle altre tre tavole di questo fascicolo, fu progettato per commissione dell'Imperatore Paolo, e doveva abbellire i giardini di Gaccina, villeggiatura sua prediletta quand'era ancora Gran Duca: sito di riposo ad un tempo, galleria di belle arti e monumento architettonico, che può formare splendido e pittoresco ornamento di qualunque più sfarzoso parco Reale.

Due pronai alle testate a quattro colonne d'ordine corintio con frontispizio e trabeazione modigliata preceduta da grandiosa gradinata introducono in due salotti ottagoni illuminati dall'alto, e serviti da due stanzette semicircolari, le quali al tempo stesso e formano composizione architettonica all'esterno, e prestano comodità al monumento. Non ordini, ma una semplice cassettonata nella volta, quattro nicchioni, ed una buona cornice fanno ornamento a questi locali, che ritraggono la loro bellezza dalla buona forma, e dalla eccellenza delle proporzioni.

Da questi salotti si passa al corpo del ponte, vera galleria a tre campate con sei fenestroni divisi a modo de' cinquecentisti in tre parti da due colonne doriche, ed inferiore balaustrata onde affacciarsi a mirare i dintorni ed il sottoposto fuime. Poche composizioni del fecondissimo architetto possono a questa paragonarsi sia per originalità di idee, sia per appropriazione di soggetto, nessuna più adatta decorazione potendosi applicare ad un Parco Imperiale di quella che alletta i sensi finamente educati, e colla eleganza della forma propria, e coi capilavori d'arte in esse racchiusi, e colla amenità del sito che certamente non deve mancare là dove sia un grosso corpo d'acqua.

Tav.a XXXIV
Sagene
Russe
Metri
Cav. de Quarenghi
G. Baseggio inc.

Sagene
Russe
Metri
Cav. de Quarenghi

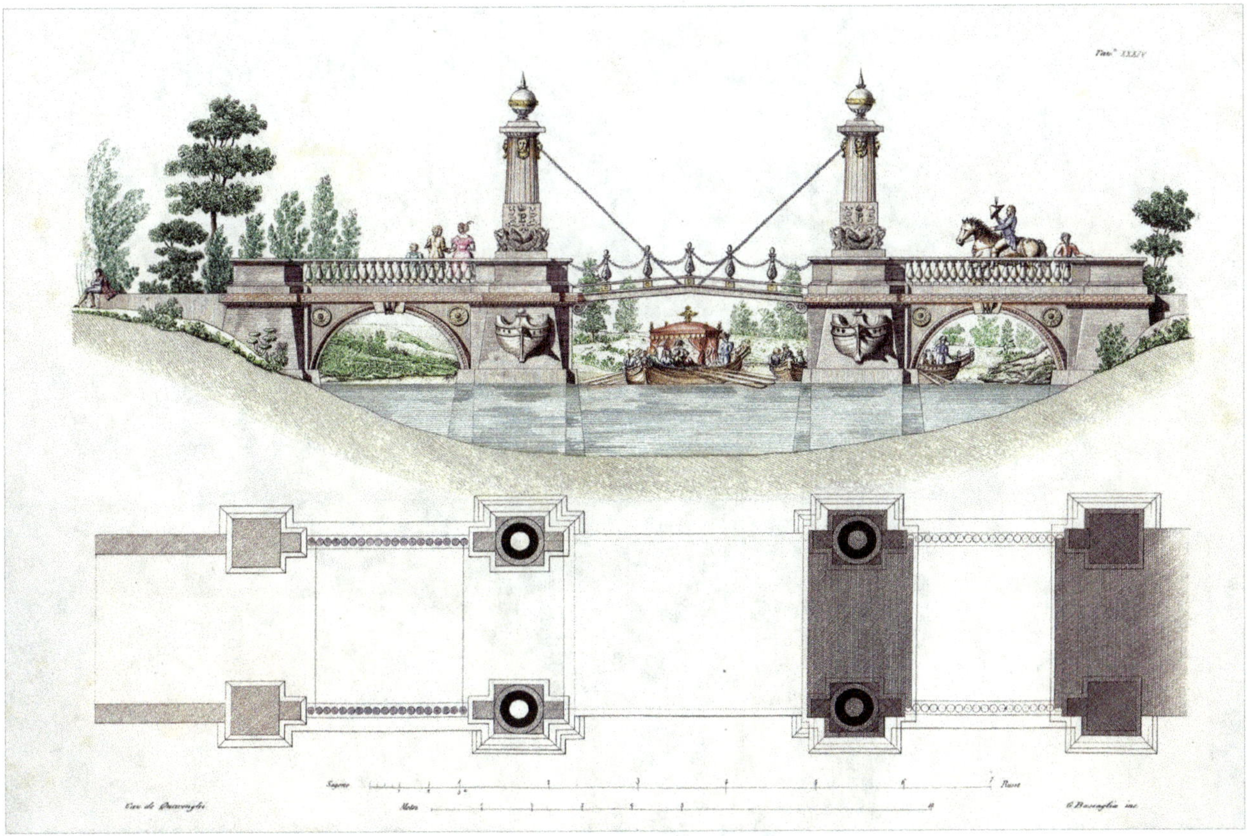

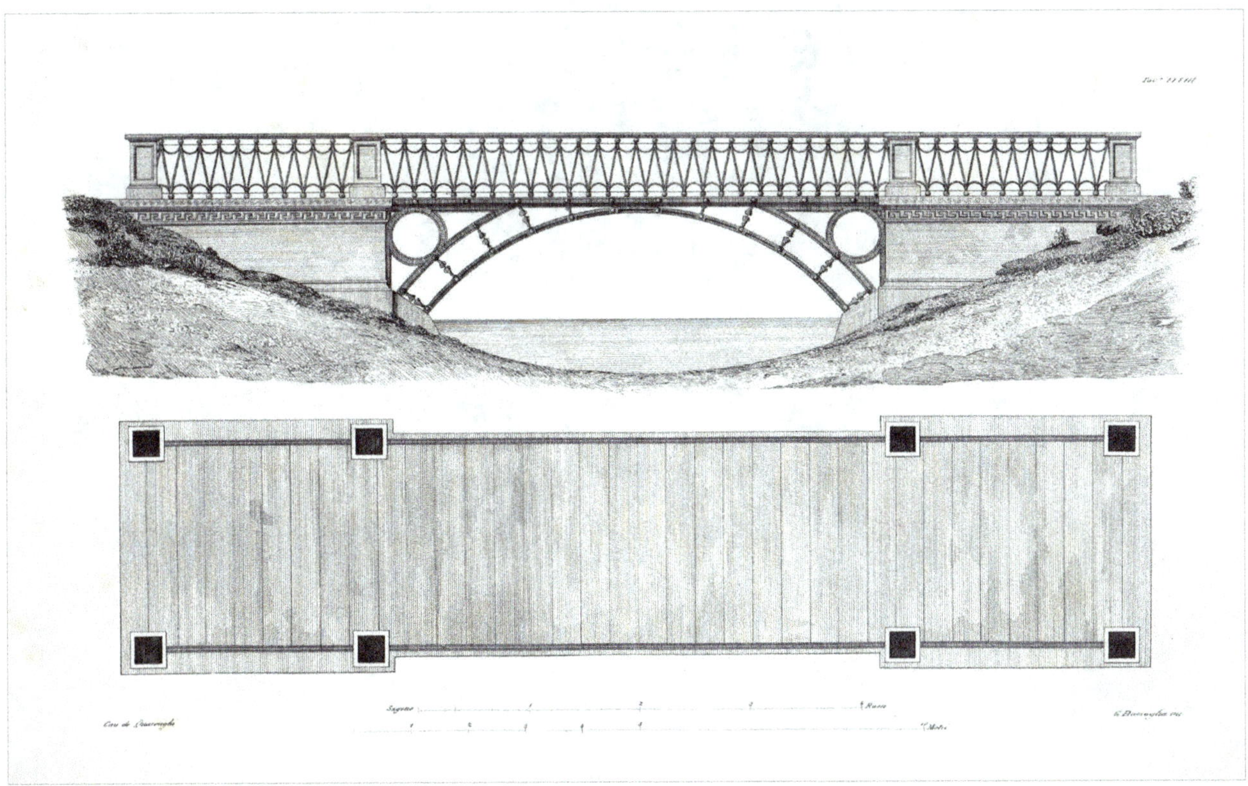

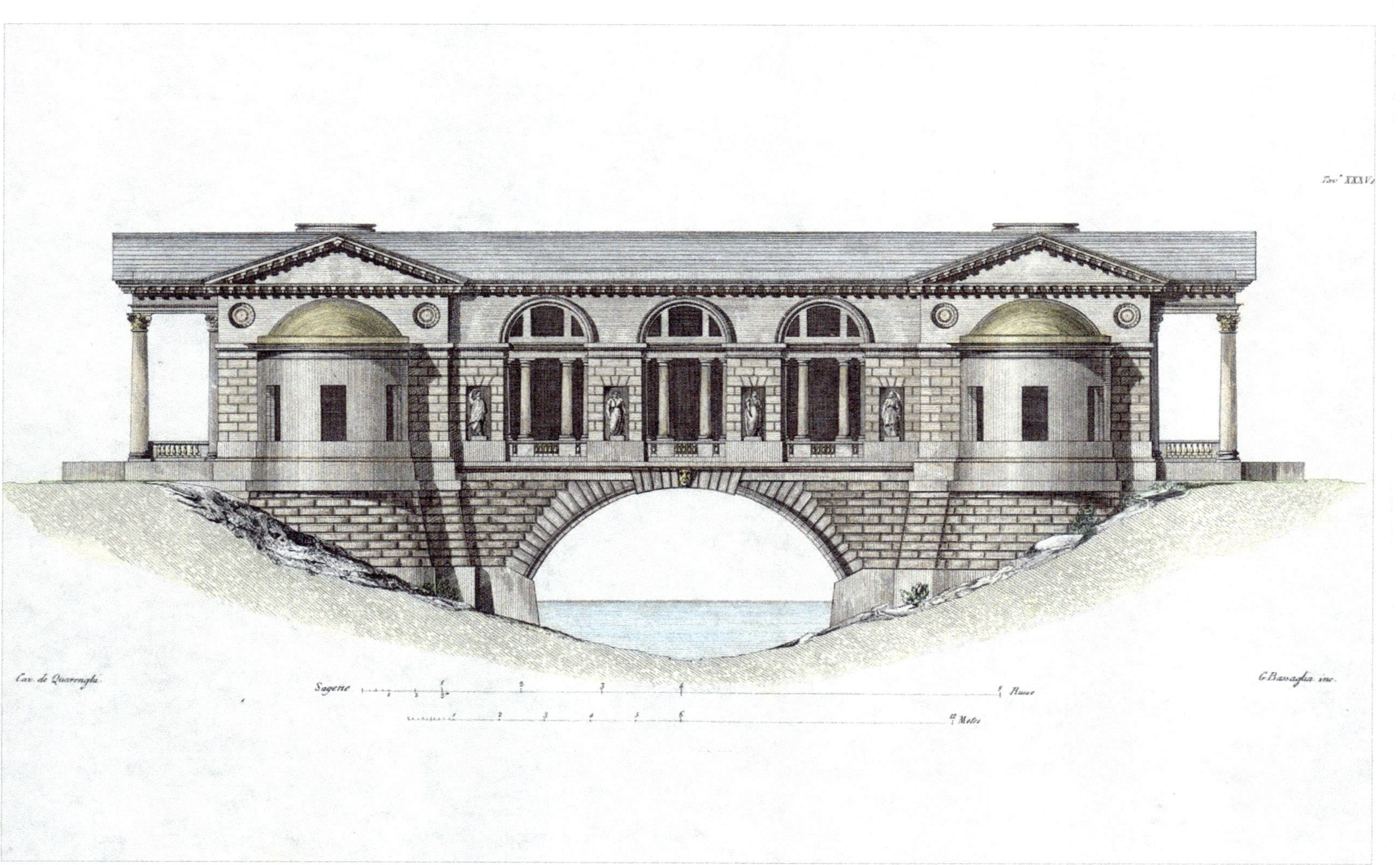
Tav. XXXVI
Cav. de Quarenghi.
G.Bassaglia inc.
Sagene
Metri

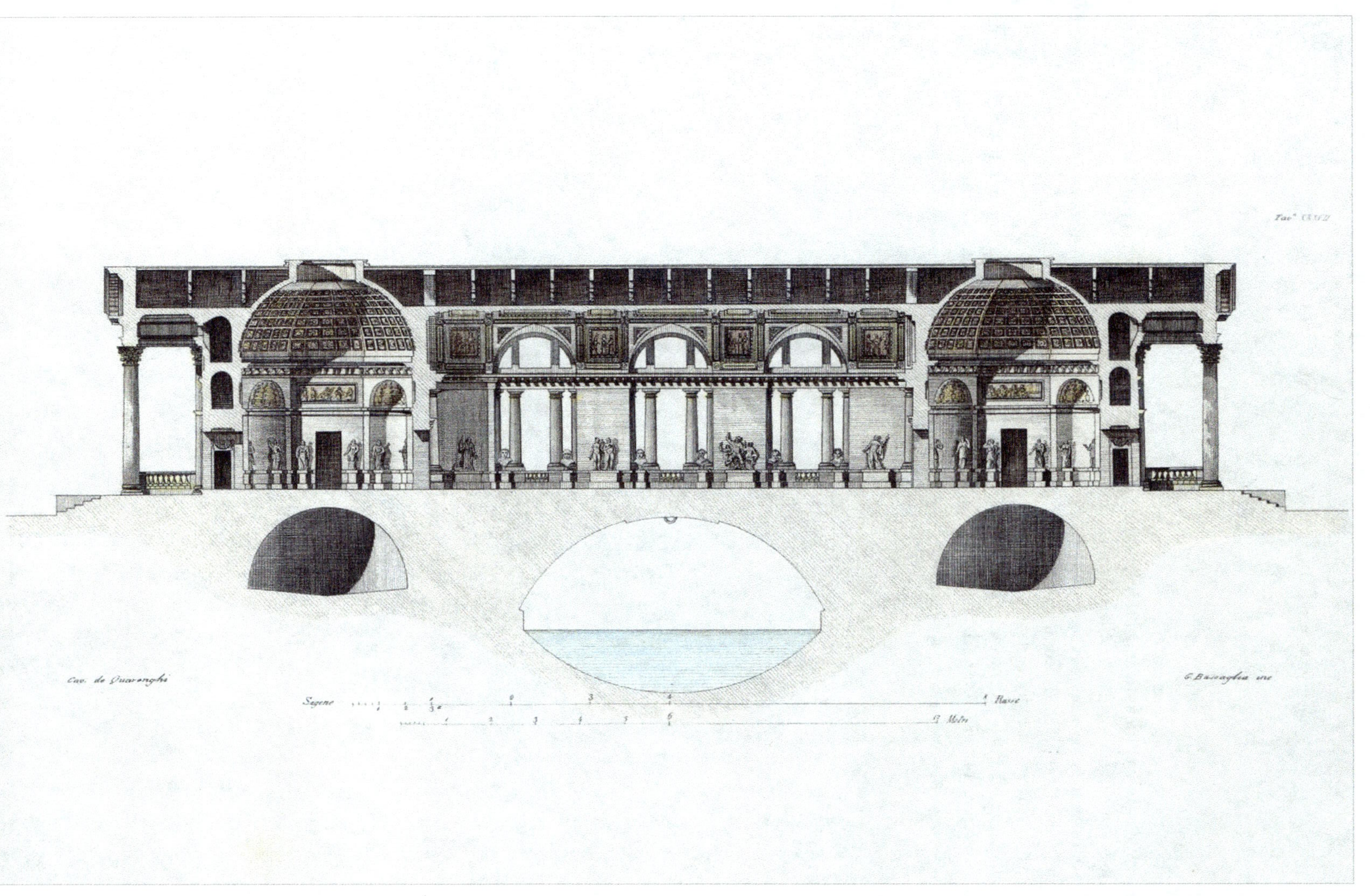

Tav.ª CXXVII
Cav. de Quarenghi
G. Battaglia inc.
Sagene
Piedi
Metri

Tav. XXXVIII, XXXIX, XL

Quest' elegante edificio fu eseguito per ordine dell' Imperatrice Catterina nel più volte nominato Parco di Zarcoselo, la più gradita villeggiatura Imperiale.

Degno di tutta attenzione sono la semplicità e l'armonia del concetto massime nella pianta dove ebbimo cura di indicare anche il grazioso scomparto de' pavimenti eseguiti con sommo effetto in mosaico sulla foggia Pompejana. Anche qui è dorica la decorazione, sempre elegante però sia nelle proporzioni della colonna, che nella leggerezza della cornice e delle basi che sono le attiche; sicché non temiamo di asserire che niun architetto seppe con maggiore varietà ed effetto maneggiare il più semplice degli ordini greci.

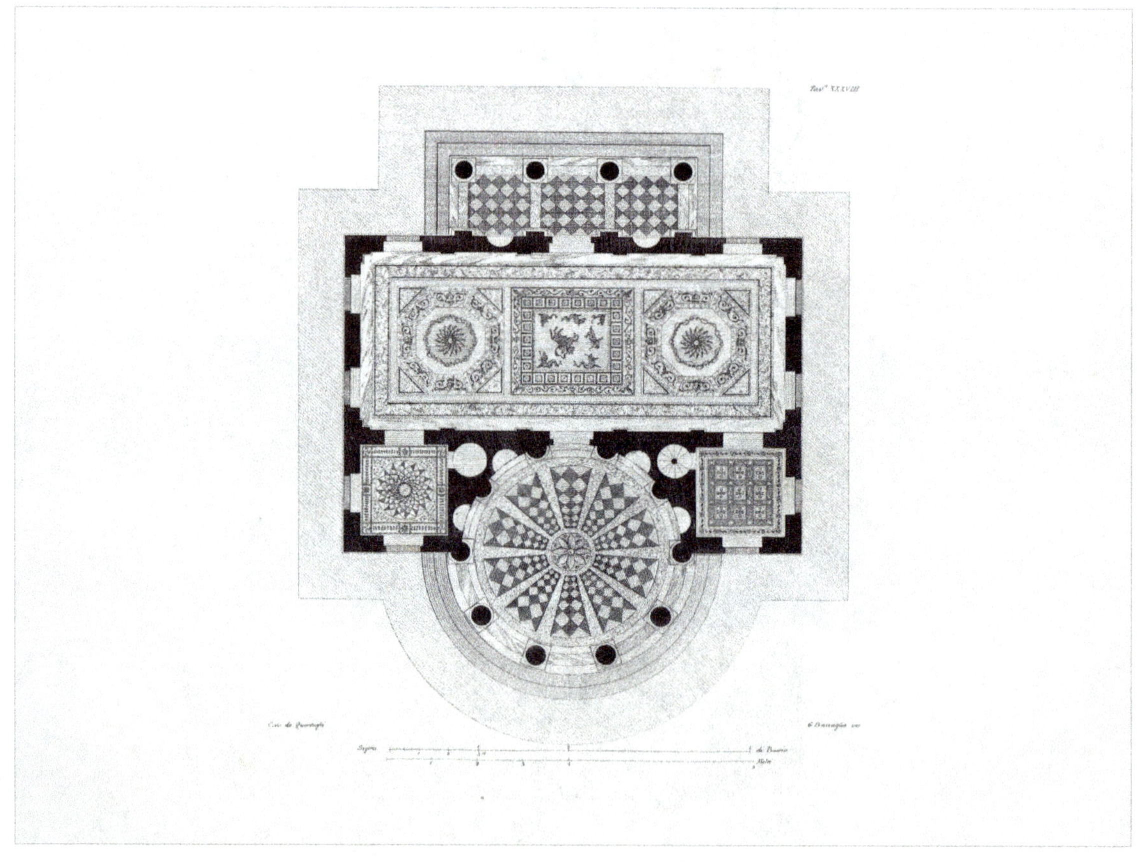

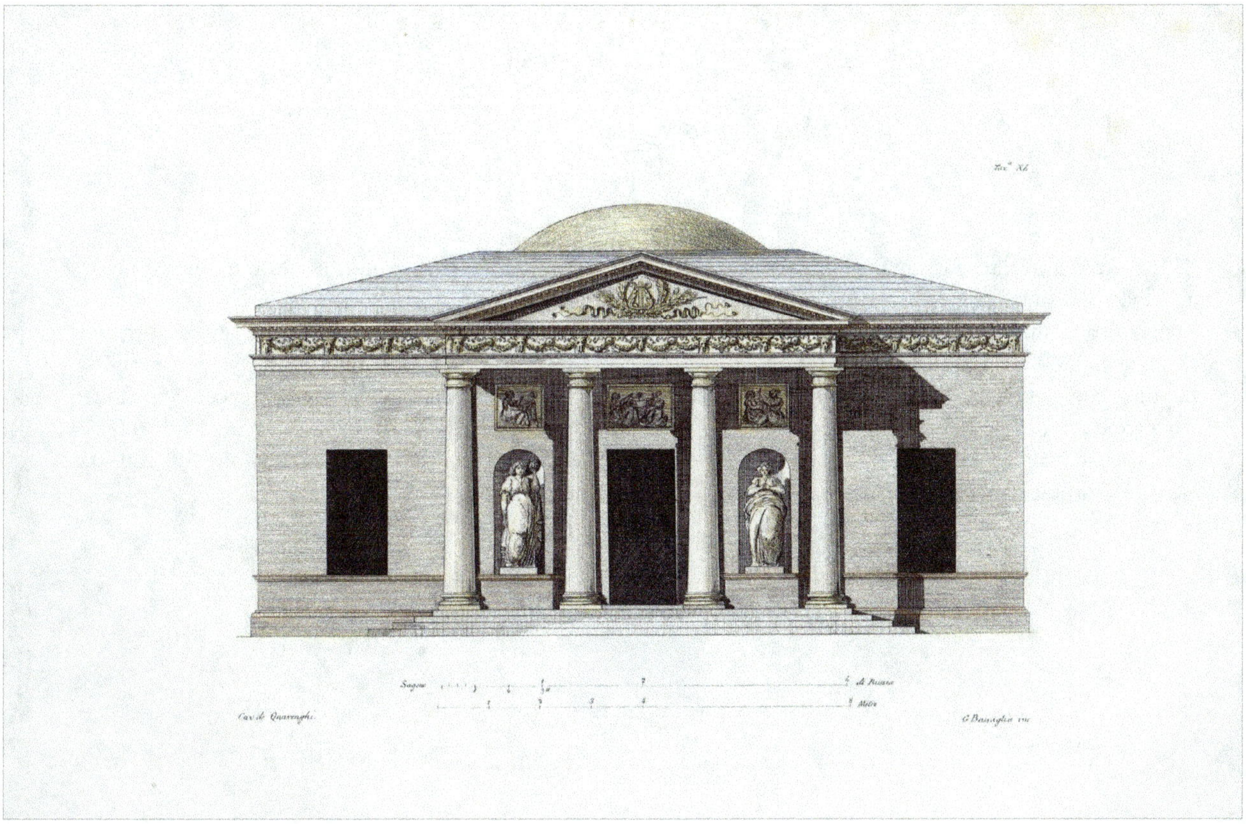

Tav. XL
Cav.e de Quarenghi
G. Bassaglia inc.
Tav. XXXIX
Cav.e de Quarenghi
G. Bassaglia inc.

Tav. XLI, XLII

Fra le più singolari costumanze di Russia è la cura de' piccioni a cui attaccano un'idea religiosa, simbolo della mansuetudine e della carità cristiana.

Il grazioso tempietto circolare che pubblichiamo fu appositamente eretto a tale scopo nel giardino di un Grande nell'Ukrania. Nulla di più semplice di questo pensiero. Una torre di pianta circolare coperta di cupola e coronata di buona cornice racchiude una scala a chiocciola per cui si ascende ad un terrazzo all'ingiro sorretto da dodici colonne doriche con cornicione completo a triglifi e sodo parapetto a balaustri. Il tutto è rialzato sopra un basamento liscio, a cui fan capo ai quattro lati quattro gradinate con iscamilli abbelliti da sfingi all'uso Egiziano. Eppure a tanta semplicità quanto sapere!

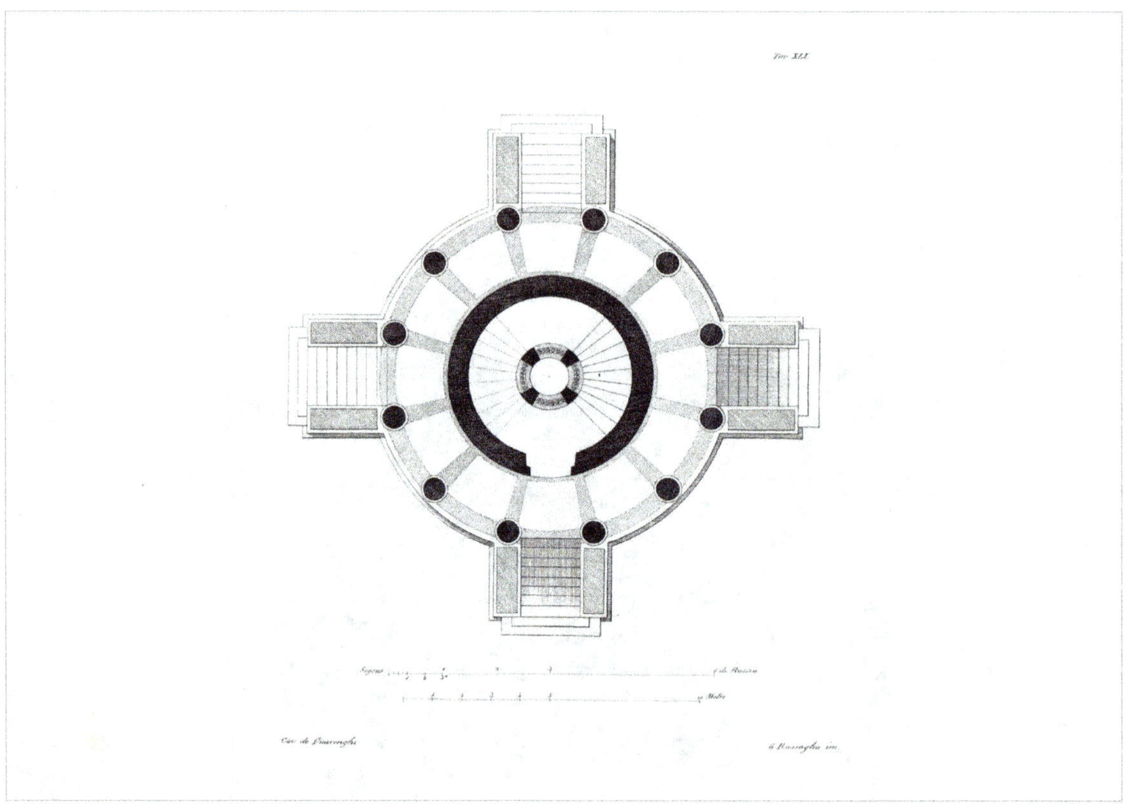

Tav.
Cav. de Quarenghi
G. Bassagli

Tav. XLIII, XLIV, XLV

L'edificio raffigurato nelle tre tavole sopraccennate è uno de' primi lavori eseguiti dal Quarenghi in Russia. Rappresenta la scuola di nuoto nel parco di Zarcoselo. Una gran vasca rettangolare che ne occupa la parte intermedia viene con opportuni condotti riempita d'acqua, e i nuotatori vi si slanciano da' laterali spalti, o vi scendono dalle anteriori gradinate. Vari camerini per ispogliarsi e pulirsi vi sono alle teste con bel salotto circolare comune, né vi mancano portici per ricovero. Il tutto è decorato e dentro e fuori con mirabile unità alla maniera dorica, sicché puossi presentare (questo edificio com'uno de' migliori esempi dell'applicazione di quell'ordine e dell'eleganza che con esso al pari che co' più gentili si può raggiungere.
Né sia disutile il conoscere come col variar proporzioni di parti sapesse il nostro Architetto dare leggiadria o impronta di maestà, o caratterizzar di robustezza all'uopo i suoi edifici facendo uso degli elementi stessi, vogliamo dire dell'ordine dorico, il più semplice e insieme il più multiforme della classica architettura. Qui infatti dove per la natura del soggetto gli occorreva eleganza senza soverchio sfoggio di ornamenti ribassò l'altezza della trabeazione ad un quinto di quella della sottoposta colonna, alleggerendone la massa, e quindi l'apparente peso, lo privò del caratteristico ornato de' triglifi che riusciti sarebbero soverchiamente minuti a petto dell'ordine, appunto per la diminuita altezza della trabeazione, ornandola invece di una serie di mutoli o mensole lisce e quadre per non entrare nel dominio dell'ordine jonico, diede alle colonne stesse una proporzione di uno ad otto e mezzo fra il diametro della base e l'altezza, infine avvicinò il dorico alle proporzioni joniche mantenendone però giudiziosamente le differenze essenziali. Così più armonico compare anche l'intercolunnio benché misuri tre diametri e mezzo da centro a centro, e il complesso delle decorazioni appaga effettivamente l'animo. Semplicissime pure ed egregiamente appropriate sono le corniciature secondarie e gli altri ornamenti accessori; e noi noteremo il basamento alle pareti che ricorre fra gli intercolunni donde staccansi sotto i medesimi piani i piedistalli delle statue, e i quadri a bassorilievo che ne interessano la parte superiore; sicché l'animo dal contemplare l'assieme allo scendere ai particolari non può non essere trascinato da una certa interna compiacenza, legato alla ammirazione della magia prodotta dall'unità del concetto e dalla appropriata applicazione delle parti.

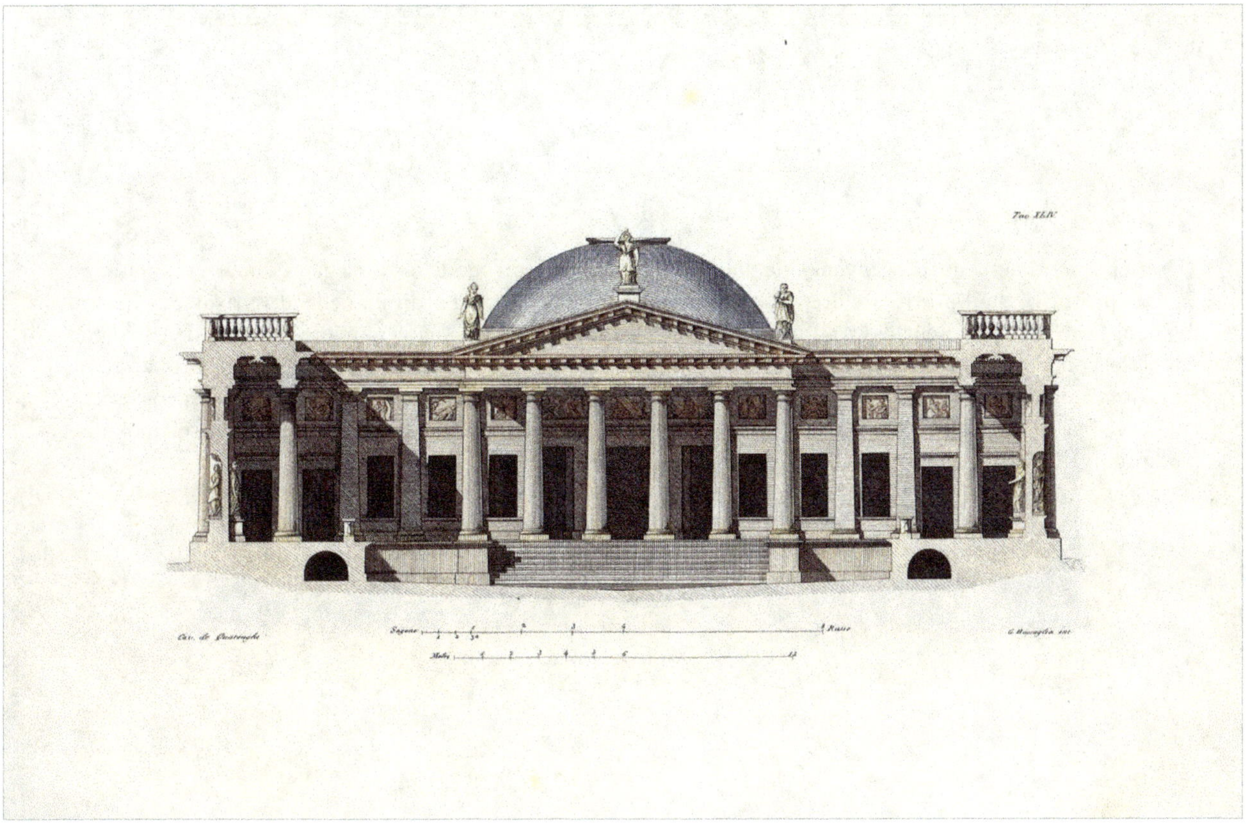
Tav. XLIV
Cav. de Quarenghi
Sagene
Metri

Tav. XLV
Cav. de Quarenghi
Sagene
Metri

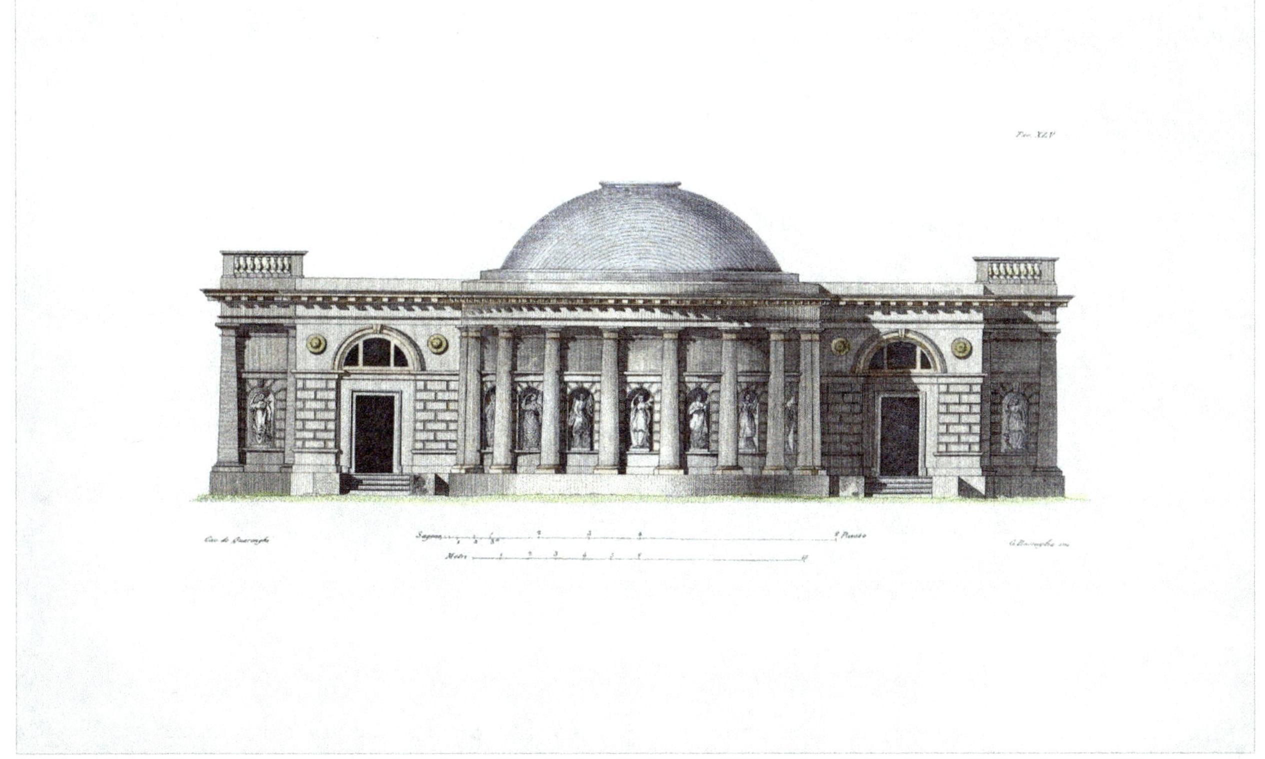

Tav. XLVI, XLVII

Presentiamo questa piccola invenzione agli studiosi siccome un modello di elegantissima semplicità, e per provar come il nostro architetto sapeva anche senza sussidio di ordini e delle altre risorse dell'arte raggiungere e sviluppar (quell'idea di bello onde era piena quell'anima sua veramente artistica. Un salotto circolare con due camerini quadrati per bagno, ecco tutto il concetto dell'impianto, cui coronano in elevazione una buona cornice dorica co' triglifi ed una bella calotta emisferica sormontata da una specie d'ara che serve per lo scarico del fumo. Tutto il segreto sta nelle relazioni reciproche di misura che lasciamo allo studioso di rilevar dai disegni.

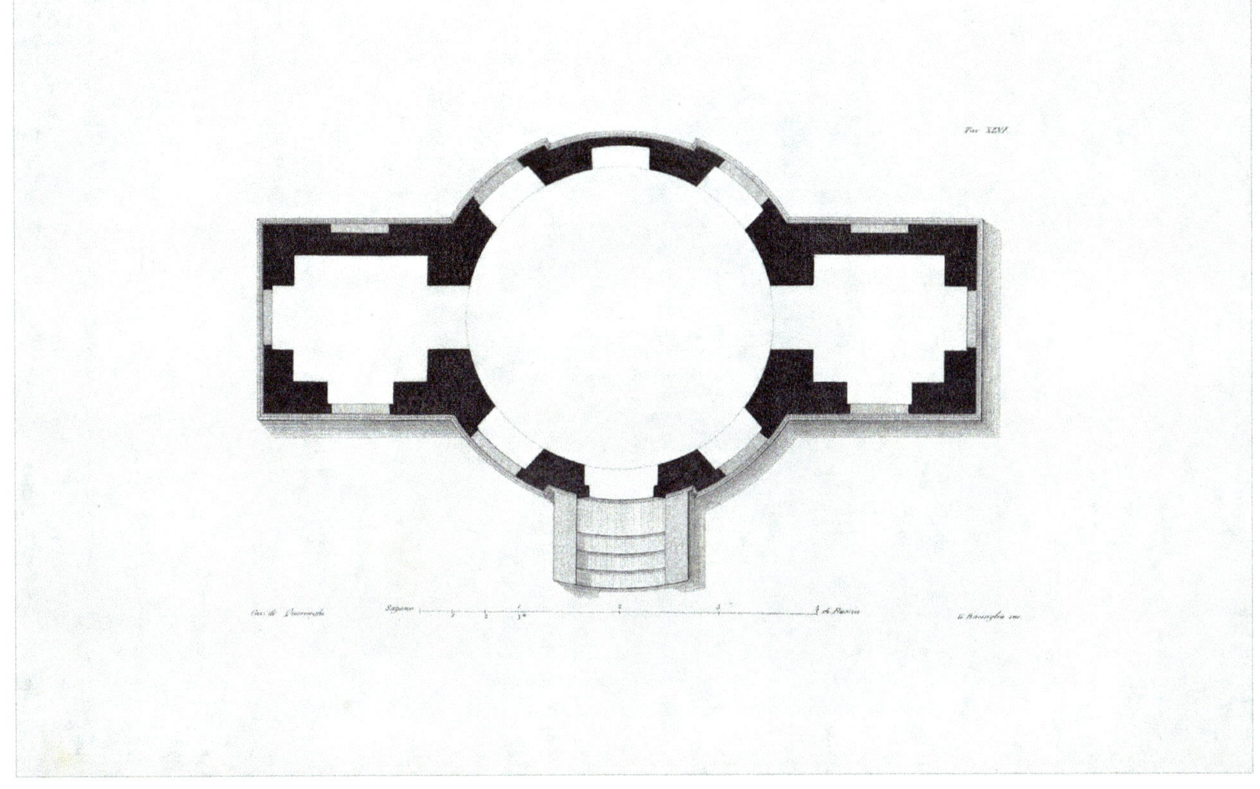

Tav. XLVI
Cav. di Quarenghi
G. Bernasconi inc.
Tav. XLVI
Cav. di Quarenghi
G. Bernasconi inc.

Tav. XLVIII, XLIX, L

Volendo l'Imperatrice Caterina negli ultimi anni di sua vita, in cui pesanti le tornavano lo scale, procurarsi una sala per le riunioni ed i concerti più vicina a' suoi appartamenti e più comoda che non quella che forma parte del palazzo di Zarcoselo, ne pregò d'un progetto il Quarenghi, il quale ideò quello che produciamo nelle indicate tre tavole, che per la morte della Sovrana rimase senza effetto. Dedotta dalle terme è la forma dell' impianto separata in tre tetrastili con dodici grandi colonne joniche ed abside intermedia con posteriori luoghi secondai. Elevasi il suo piano sovra grande basamento dovendosi trovar al livello degli appartamenti nobili del vicino palazzo, e scavalca con due viadotti la pubblica strada. Un' ampia scala serve per discendere al piano del giardino e determina la facciata principale nel lato più lungo dell' edificio. Non ordine esterno, ma un giuoco di pilastrate con nicchie o bugne servono alla decorazione nuova, corretta ed elegante nel tempo stesso.

Tav. XLIX.
Cav. de Quarenghi
Sagene   di Russia
G. Battaglia inc.

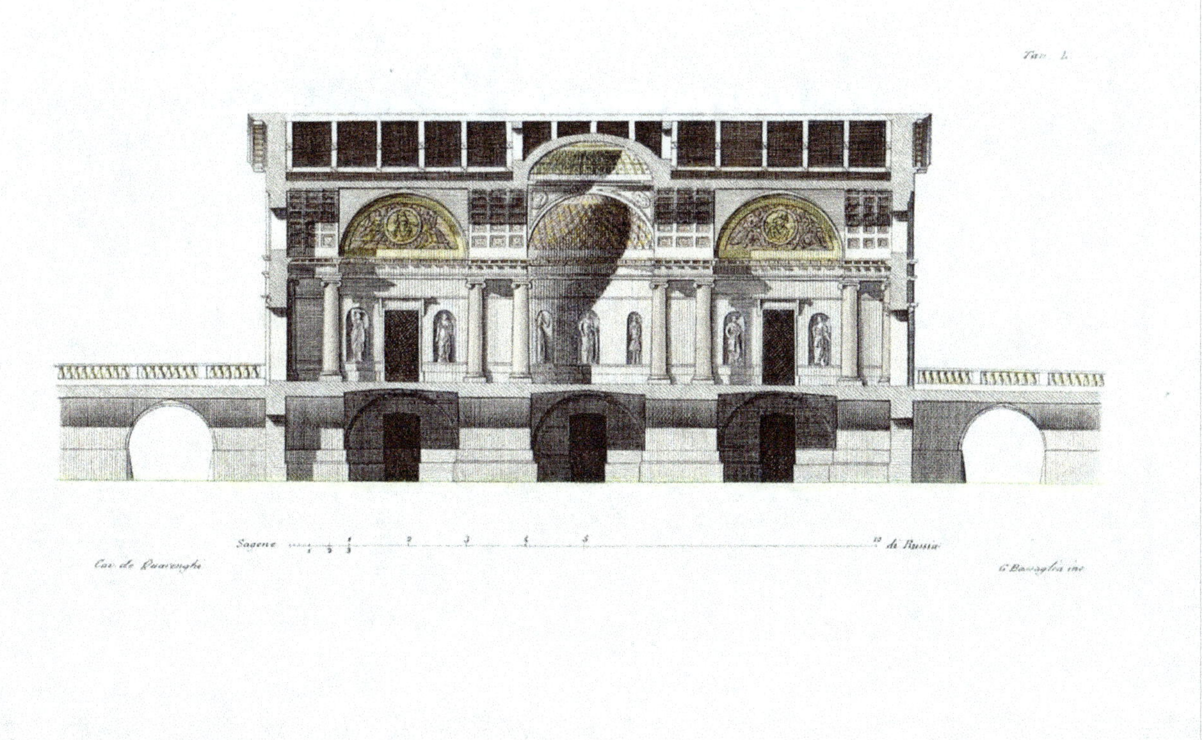

Tav. L.
Cav. de Quarenghi
Sagene   di Russia
G. Battaglia inc.

Tav. LI, LII, LIII, LIV, LV

Il gran Teatro Imperiale per Pietroburgo è una delle più grandiose concezioni di Quarenghi e non temiamo asserire de' più perfetti monumenti architettonici che mai furono ideati. Sorger dovea in mezzo ad una delle più vaste piazze di quella gran capitale d'ogni parte isolato e fu quindi provvisto di quattro grandiose facciate in tale corrispondenza del soggetto che non puossi a meno di non riconoscerne la destinazione; scopo precipuo, e pur troppo trascurato, che devon prefiggersi gli architetti nelle loro composizioni.
Quattro pronai a colonne colossali d'ordine composto servono alla comodità di scender di carrozza al coperto.
Un magnifico vestibolo con trentadue colonne doriche nascenti, servito da opportuni camerini per dispensa de' viglietti dà comunicazione di fronte alla platea ed ai lati per una parte ad alcuni locali per ristoro, e per l'altra ad un doppio scalone non meno magnifico.
La curva della platea è ovale dedotta per l'intersezione di due circoli a tre centri a,b,c, ed è cinta da quattro ordini di palchetti oltre la piccionaia con molta avvedutezza non chiusa come gli inferiori ordini, ma solo difesa da un parapetto protraendosi l'origine del volto fin dietro lo sfondo della stessa.
Ampio quanto basti è il palco scenico, ed ha lateralmente a più piani i camerini di servizio per gli allori, e superiormente ed inferiormente quanto bisogna per ispiegare qualunque spettacolo scenico.
Finalmente sale spaziose ed elegantemente ornate sono ricavate nel piano nobile per le feste da ballo, i concerti e le minori riunioni, fra le quali distinguesi la principale ed intermedia, cinta tutt' all'intorno con bell'ordine corintio, ed una loggia per le orchestre sostenuta giudiziosamente da parastato applicate alle colonne.

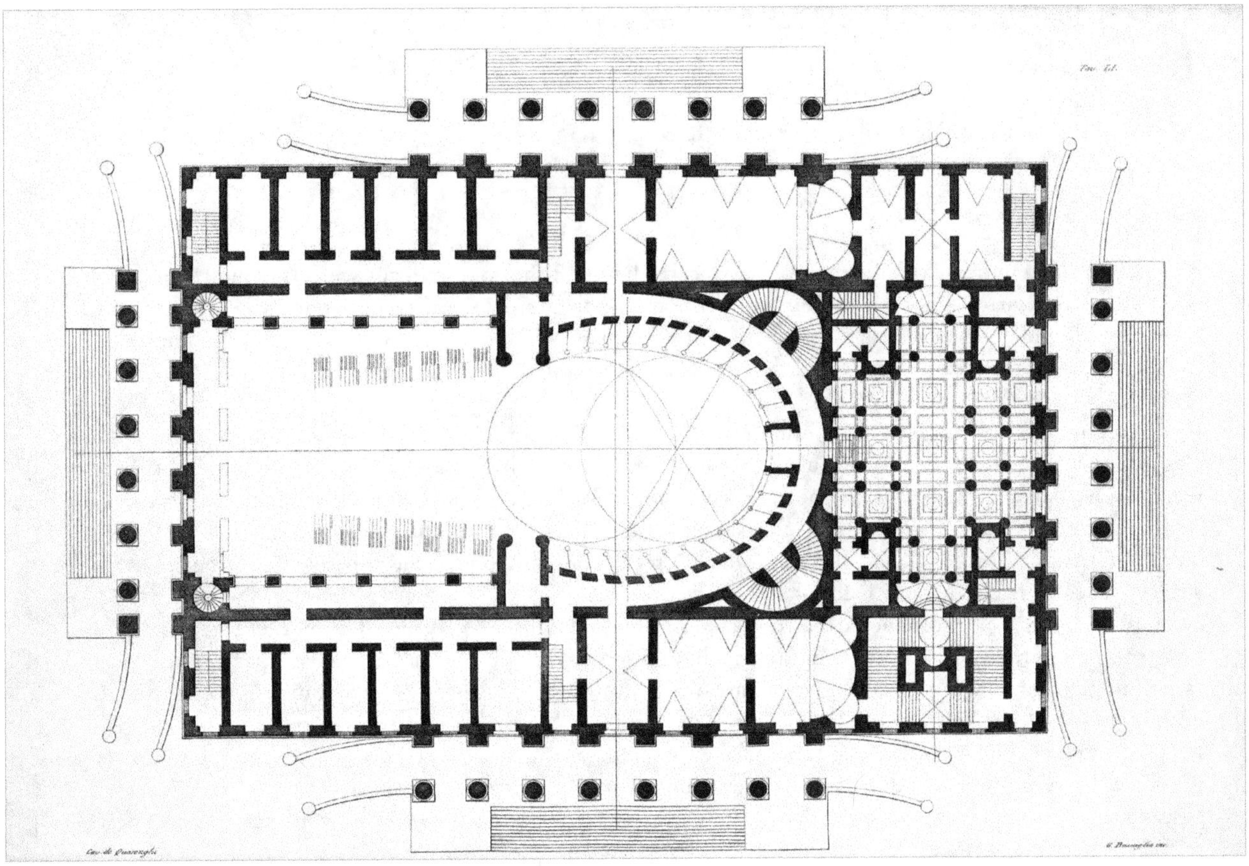

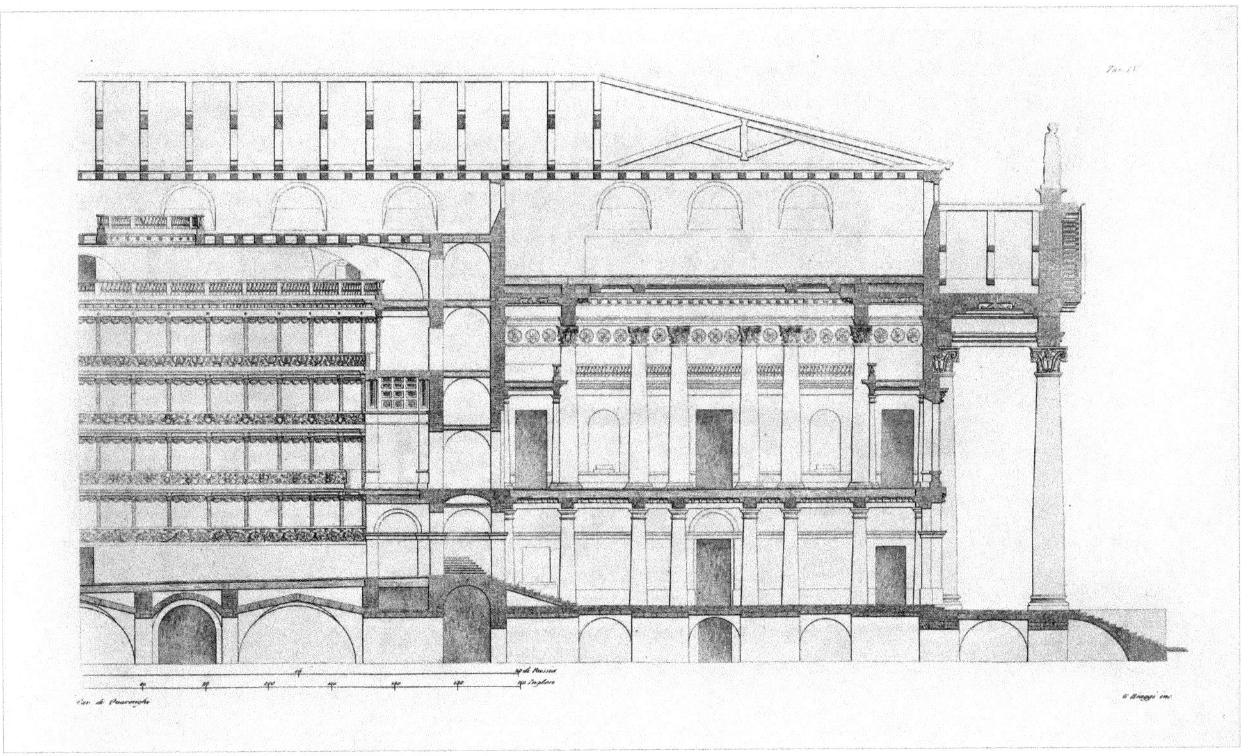

Tav. LVI, LVII, LVIII, LIX, LX

Le tavole sovra indicate rappresentano tre concetti di salo di riposo o Caffeaus scelti fra i molti dal nostro architetto ideati a decorazione dei parchi imperiali, alcuno de' quali credasi pure sia stato eseguito. Invenzioni semplici dedotte dallo studio dell'antico e maneggiate con quella facilità anzi spontaneità di linee, con quella franchezza e verità di decorazioni, quali egli più die altro tra maestri che conosciamo sapeva ideare.

Il primo è un portico o tablino a colonne doriche elevatosi sopra una bella gradinata e racchiuso fra due eleganti corpetti laterali ornati di bugne ed archi che servono di ritirata di riposo. Svelta è la colonna, leggerissima la trabeazione più che nol comporta forse l'ordine : ma l'architetto ottenne con ciò di fare apparire meno difettoso l'intercolunnio che va noverato fra' diastili superando i tre diametri e mezzo di cento a cento. Graziosissima poi ed al solito spontanea riesce la composizione anche nelle parti interne come può accertarsene chi osservi le sezioni che ebbimo cura di riprodurre.

Assai più grandioso è il secondo concetto, e confessiamolo pure, più licenzioso. Qui non occorreva, è vero, nessuna sala interna, essendo ufficio di questi edilizi li servire a ricovero momentaneo de' passeggianti negli imperiali giardini contro i cocenti raggi solari o per improvvisa pioggia; e situati come sogliono essere in uno de' più eletti siti sia per esposizione che per ridenti o maestose prospettive non han bisogno che d'un bel porticato verso il lato principale e di qualche camerella secondaria di servizio. L'ordine qui dominante è lo jonico, ma a proporzioni doriche, gli intercolunni sono così largamente spaziati da vestire il carattere toscanico; l'attica superiore che forma piano è tant'alta da soverchiare l'ordine inferiore: infine troppo modesta è la cornice di coronamento e sta in poco accorcio colla sottoposta più sentita e decorata di modiglioni. Notammo queste che a noi parvero mende perché gli studiosi ne facciano riguardo meditando sull'edificio. Noteremo poi la eleganza, la varietà, la comodità e la novità della distribuzione, e quel movimento di piani e di linee che deve contribuire assaissimo al suo effetto prospettico in qualunque punto si presenti all'osservatore.

Assai più vasto e magnifico e degno veramente d'un sito imperiale è il terzo concetto. Raffigura un ampio salotto isolato da servire per ricreazione e per luogo di rinfresco e di riposo dopo le fatiche d'una caccia in un amplissimo parco. Un ordine jonico de' più squisiti con capitello arricchito di collarino, coronato da completa trabeazione modiglionata domina tutto l'edificio, e ad accrescervi splendore e ricchezza vi ricorre sotto dell' architrave un bassorilievo continuato raffigurante trionfi o caccie in relazione alla destinazione del monumento. Ammirinsi le squisite ed armoniche proporzioni del pronao esastilo e la magnificenza dell'interno, e sarà facile il concepire l'effetto grandioso ed imponente di questo concetto notevolissimo pure per la sua semplicità.

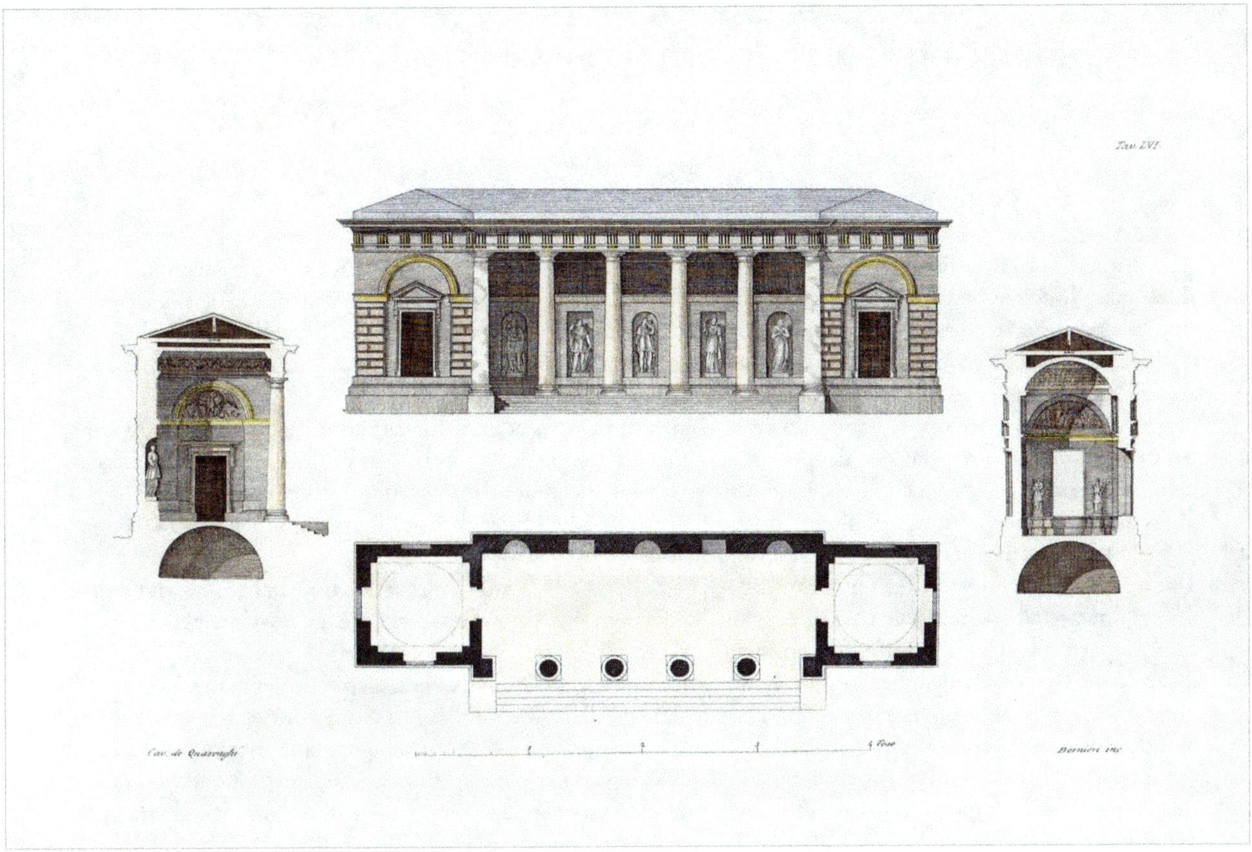

Tav. LVI.
Cav. de Quarenghi
Piedi
Bernieri inc.

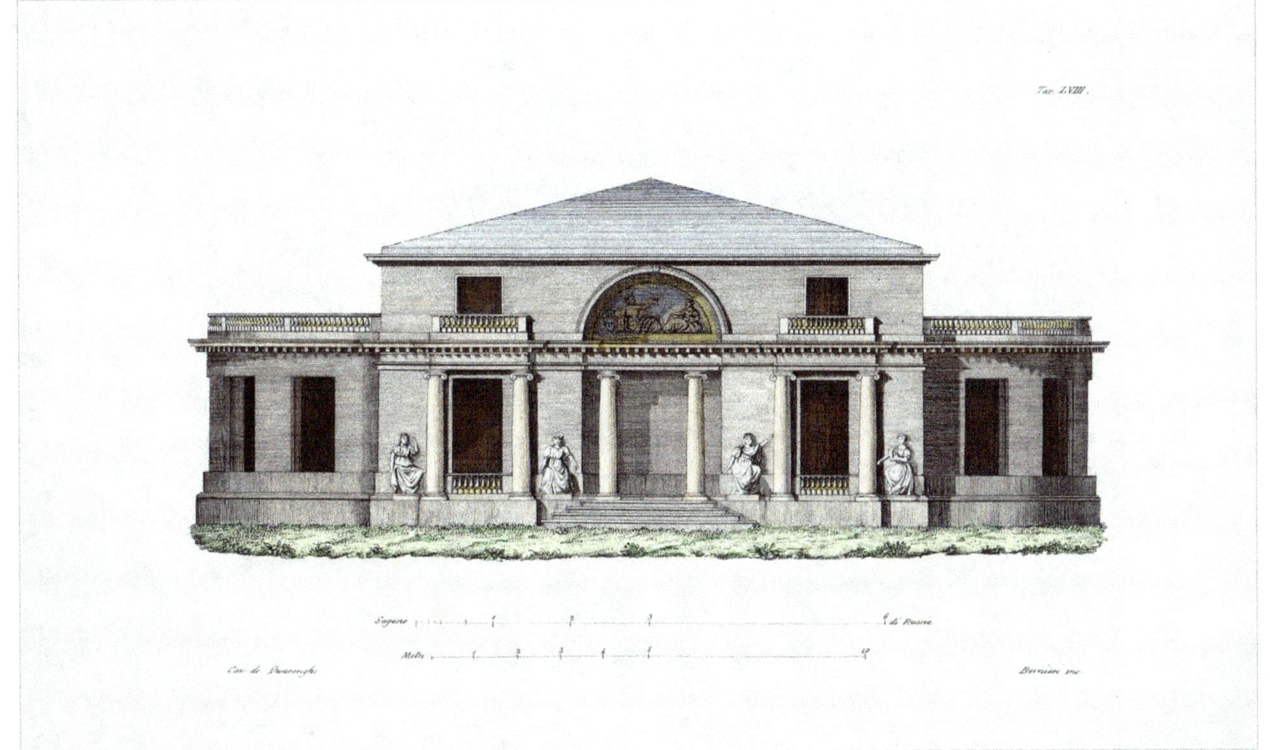

Tav. LVIII.
Sopra
C. de Russie
Molto
Cav. de Quarenghi
Bernieri inc.

Tav. LXI, LVII, LVIII, LVIV, LXV, LXVI

L'ultimo lavoro condotto dal Quarenghi fu la Chiesa dei riformati Inglesi eseguita a Pietroburgo sul *Quai Inglese* lungo la Neva restaurandone in parte le vecchie ossature, che sono le distinte nelle piante con tinte più nere. Serve il caseggiato ad abitazione de' sacerdoti e degli amministratori di quella ricca prebenda; la chiesa o gran sala trovasi nel piano nobile con separato accesso ai due sessi, e con tutte le comodità che a simil rito si convengono. Degna di attenzione è la facciata principale verso la Neva per l'armonia delle proporzioni dei vari piani, e pel vago ordine composito che la adorna formando un esastilo regolare con frontespizio a modo romano; nè devesi lasciar senza uno sguardo la facciata posteriore colla porta dorica bella nella sua semplicità. La Chiesa è una vastissima sala decorata da un grandioso ordine pure composito di lesene a colonne architravate, illuminata da doppia schiera di finestre e suddivisa nella sua altezza da una loggia a balaustre in parte finta ed in parte praticabile.

Maestoso ne deve esser l'effetto non tanto per la sua non ordinaria grandezza, quanto per la severità delle linee, la perfetta euritmia delle parti, infine quella unità di concetto che si discopre dall'assieme e dalle parti tutte in perfetta armonia fra di loro e col tutto.

Essendo questo come l'ultimo lavoro del sommo architetto, così pur fu quello a cui pose la massima cura di direzione, per cui nulla lascia a desiderare neppur dal lato dell'esecuzione e della comodità. Tanta anzi è stata la soddisfazione dei committenti che costituiscono la corporazione o fattoria Inglese a Pietroburgo, che in unione all'ambasciatore di quella nazione che la presiedeva in segno di soddisfacimento e grato animo ne lo rimunerò con il magnifico dono di mille zecchini effettivi d'Olanda, ed il presente di un gran vaso d'argento di cui riportiamo la figura nella Tavola LXVI con un' iscrizione che in quell'idioma dice:

PRESENTATO DALLA FATTORIA INGLESE A S. PIETROBURGO
AL CAVALIERE DE QUARENGHI
IN CONTRASSEGNO DELLA DI LEI STIMA E DELLE OBBLIGAZIONI CONTRATTE
VERSO IL MEDESIMO NELLA INDEFESSA ATTENZIONE
NEL SORVEGLIARE L'ESECUZIONE DEL SUO PROGETTO
PER LA RICOSTRUZIONE E L'ABBELLIMENTO DELLA CAPPELLA
IN CUI SI MOSTRÒ DOTATO
DI SQUISITO BUON GUSTO E DI NON COMUNE COGNIZIONE NELL'ARTE SUA
I. OTTOBRE MDCCCXVI.

Con questo credetti di terminare la presente pubblicazione come un fatto che nel mentre conferma l'alta estimazione in cui era tenuto il padre mio dà a divedere come e con quali premi ed incoraggiamenti si progredisca in quelle regioni a giganteschi passi nelle arti dell' incivilimento.

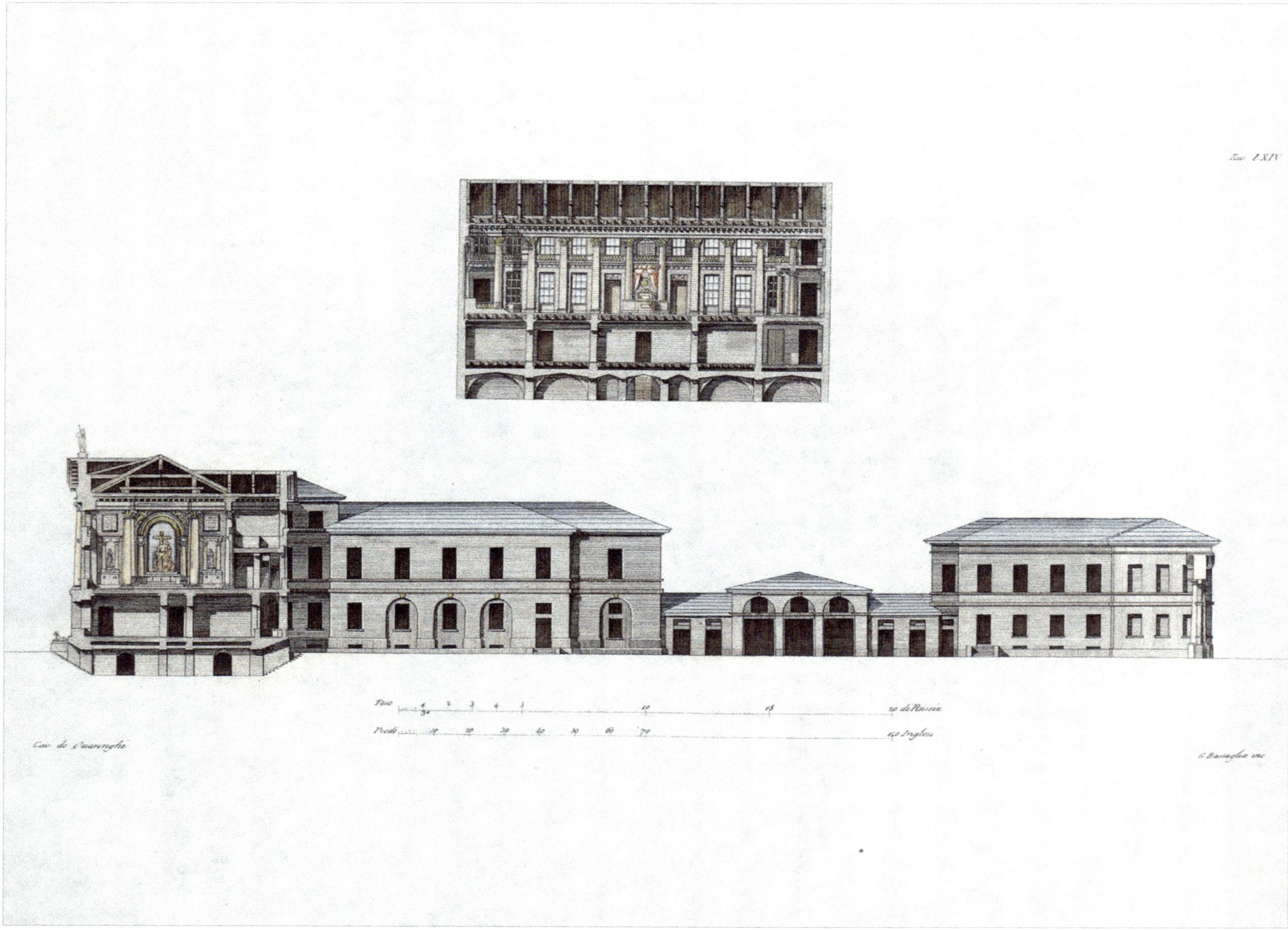
Tav. LXIV
Tese 1 2 3 4 5 10 15 20 di Russia
Piedi 10 20 30 40 50 60 70 140 Inglesi
Cav. de Quarenghi
G. Bassaglia inc

INDICE

MUS
EUM
BIBLIOTHECA

9 788893 272520